大三巴牌坊
前身為歐洲風格的
聖堂

源自祭天祀孔
中華文化象徵的
牌坊

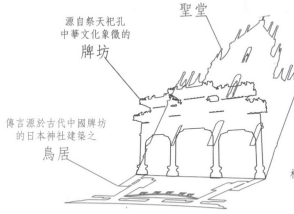

傳言源於古代中國牌坊
的日本神社建築之
鳥居

牌坊、聖堂與鳥
居凸顯中國、西
方與日本之間錯綜
複雜的宗教、文化
與歷史關係，產生了
現代關鍵概念詞翻譯
中的貌合神離抑或心心
相印的情況

現代關鍵概念的翻譯
——貌合神離抑或心心相印

周偉馳　鄭偉鳴　黃山　嚴雋寧
方子聰　林同飛　楊寶玲

活學文教有限公司

目錄

序

葉國華

2020 年初，全球面臨新冠肺炎疫情的嚴重威脅，一粒病毒挑戰了國際秩序與各國的管治能力。於 2019 年，曾經引領全球現代文明的法國，其現任總統馬克龍指出，三百年來擁有全球文化霸權的歐美國家，再不能啟發人類對未來的想像力，帶出令人類有實質得益的精神與物質的進步。建立在西方霸權基礎上的國際秩序的哲學 —— 美國在 20 世紀兩次世界大戰後靠軍事與經濟力量，英國在 19 世紀靠工業革命，法國在 18 世紀靠啟蒙運動精神 —— 已經變成老生常談的僵硬的教條，對本國人民都沒有說服力，更脫離全球化的實際狀況，如何能引導全球的方向？西方霸權主義的拐點已經到來。

我提出為這本書做的研究，原意是在肯定東亞原住民文化（即中國傳統文化）的基礎上，檢視我們自己的文化遺產。不能說不與西方接軌就不是現代化，況且西方文化霸權在走下坡路。三百年來西方領先，但不能說它代表全人類，貢獻巨大也要謙卑，不應傲慢下去。21 世紀的今天，理應把中國文化的本意加以闡述，並對之作當代的解讀及外延，來理解世界各國文化，包括穆斯林、中東、印度的古代智慧。

以此為序。

編者語

　　講到「自由」、「法治」、「隱私」等當代關鍵概念詞，很多中國人侃侃而談，如數家珍。但是，這些關鍵概念從何而來？中國的傳統文化中是否有這些概念詞？如果有，它們今天的用法與當初的意思是否相符？如果沒有，它們又是如何在中國傳統文化中衍生出來的？現今理解並經常使用的關鍵概念詞對現代中國思想的影響如何？本書研究並嘗試解答這些問題。

　　近代中國面對三千年來的大變局（李鴻章、嚴復語），以漢族為主的中華民族自以為整個世界的封閉系統「天下」遭打破，被迫捲入全球性的現代化進程中。這個進程也是中國的傳統文化以先進的西方文化作為參照，實現自身轉型的過程。在這個過程中，一批先知先覺的知識份子（相當部份是從海外學成歸來的），引進並傳播了一些起到標杆作用的西方文化概念，構建現代中國的思想體系。

　　這個思想體系的構建首先必須解決的問題是主位文化（中國）與客位文化（主要是西方）間關鍵概念詞的翻譯，只有將不同文化之間的詞語對應起來，才可能實現文化體系的對話、借鑒、移植和本土化。在翻譯過程中，譯者經常是「眾裏尋它千百度」，卻發現在另一種語言體系的文化中找不到恰如其分的對應詞。更多時候，是從原有文化中借用或創造一個詞，並賦予它新的定義或解釋。本文開篇提到的「自由」、「法治」、「隱私」，就是用這種方

法對應西方關鍵概念的中文譯詞，有的還借助深受中華文化影響，但現代化起步較順利的日本用漢字翻譯西方概念的「和製漢詞」，以完成中西文化對接。但是，因為文化差異及古今差異，這些中文譯詞未必能恰當對應西方概念詞原本的意義，出現諸如理解不同甚至誤譯等導致的「貌合神離」的狀況；在使用過程中「情投意合」、「心心相印」的情形，看來屬少數。這些情況的出現，造成現今部份人在思想和認知方面的混亂，使得他們無法真正理解和恰當使用這些對現代中國人思想和價值觀具有決定性影響的關鍵概念詞。

有見及此，本書編輯委員會制定了對現今經常使用的一些關鍵概念追本溯源的研究方向，邀請研究同仁（參看本書的作者簡介）探討它們在中國傳統文化中的淵源（包括先秦諸子百家的一些相關思想）以至日後的演變，進而檢視它們與外來概念的差異及連接。這個研究還擴展到近代以來中華文化與西方文化的比較（主要在翻譯上反映），從中說明概念的翻譯與使用如何影響現代中國人的思想。

本書將關鍵概念分為與政治經濟、與哲學科學宗教、與人文藝術及其他類別相關三大範疇，按普世價值、國家制度及人文層面三個主題的先後順序編排文章目錄。本書由 26 篇文章組成，每篇文章研究一個現今中國人經常使用的關鍵概念詞（個別還包括相關的概念詞）。有些文章，作者還就概念詞的中文表述，提出替代的建議，旨在增進其適當性與準確性。

　　我們這個研究源自保華生活教育集團（本出版社是其旗下公司）主席葉國華教授的囑託 —— 對東亞原住民文化（即中國傳統文化）作一檢視。本書梳理的只是現代中國思想體系中的關鍵概念詞的一小部份，期望起拋磚引玉之效，喚起學者專家以至社會大眾對問題的關注，以促進中國傳統文化與包括西方在內的世界各國文化的相互借鑒。在這三百年西方文化霸權的拐點出現之際，此舉尤具意義。

作者簡介
（以作者文章出現先後排序）

周偉馳

中國社會科學院世界宗教所研究員，北京大學哲學博士。翻譯著作有奧古斯丁《論三位一體》、《論原罪與恩典》、莫爾特曼《三一與上帝國》、吳經熊《超越東西方》等。著作有《奧古斯丁的基督教思想》、《太平天國與啟示錄》。另有詩文集《周偉馳詩選》、《避雷針讓閃電從身上經過》、《小回答》、《旅人的良夜》及譯詩集米沃什《第二空間》、《梅利爾詩選》、《沃倫詩選》等。

鄭偉鳴

香港浸會學院（今浸會大學）史地系畢業，澳門大學社會科學碩士（區域研究），法國普瓦捷大學（Université de Poitiers）修讀法文，美國西東大學（Seton Hall University）訪問學人，美國東西中心（East-West Center）傑佛遜研究員。長期從事新聞、出版工作，曾在樹仁學院（今樹仁大學）教授新聞寫作。研究與寫作興趣包括中國當代社會、區域與宗族文化、佛教思想。曾出版《認識中國香港特區政策》（明報出版社）以及時事評論集。

黃山

南京大學教育技術學士，深圳大學心理統計與心理測量碩士。在文化機構搞技術，在科技公司做教育，擺渡於人性與演算法之間，但求天下沒有難學難用的知識。

嚴雋寧

畢業於香港中文大學歷史系，後於耶路撒冷希伯來大學取得以色列研究碩士學位並學習希伯來文，努力通過旅遊研究歷史與文化。

方子聰

香港理工大學美術及設計教育文學士，多年從事網頁及平面設計工作；香港中文大學哲學文學碩士，修讀科目包括政治倫理、中國儒家、宗教及死亡哲學等。

林同飛

香港大學教育學博士，從事國際學校中文一二語教學多年，帶領多所學校發展校本課程及建設教師團隊，研究興趣包括中文課程發展、學習社區模式下的教與學以及師資培訓策略等。

楊寶玲

深圳大學漢語言文學學士，中科院心理所教育心理學碩士，任課程研究員，從事中外課程研究、整合及設計逾十年，欲在課程層面明晰中外文化，使學生「視其所以，觀其所由，察其所要」，成為根植中國的全球公民。

「自由」的混淆

周偉馳

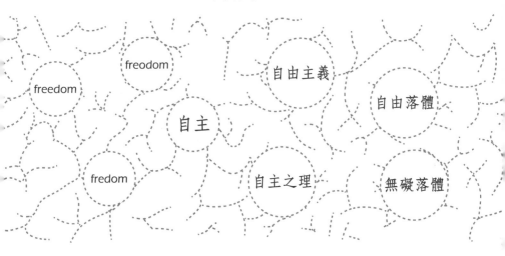

　　「自由」這個詞，中國自古有之，它在英語的對應翻譯是 freedom 或 liberty。但由於中文的自由與英語的 freedom 和 liberty，各自在不同領域有不同的指涉，有必要做一番釐清。

　　Freedom 一詞來自中古英語 fredom，可追溯至古代英語 freodom，以至原始日耳曼語 frijadomaz，等於 free+dom。根據《牛津英語詞典》，古代英語 frei（源自梵語）指親愛的人，描述所有跟一家之主親近或相關的人，也即親友。親友在家裏是自由自在的，沒有拘束的，他們跟奴隸和僕從不一樣，後者就沒有那麼自由，或者根本沒有自由。

13

Free 常常跟 from 連用，成為 free from... 這樣的短語。From 後面接着的一般是一些表示負面現象的詞，比如恐懼、匱乏、饑餓、疼痛、仇恨、疾病、壓迫、壓抑、債務、稅務、貧窮、必然性、暴力、戰爭、廣告、沉溺等等。從根本上說，freedom 就是這種「沒有、免於」限制、壓制、束縛的意思。

在英語中，除 liberty 外，free 的同義詞有允許（license）、免除（exemption），反義詞則有奴役（slavery）、囚禁（imprisonment）、拘束（bondage）、限制（constraint）。[1]

一般而言，freedom 和 liberty 混用，不加區分。比如以賽亞‧伯林（Isaiah Berlin）在區分他所說的積極自由和消極自由時，對 freedom 和 liberty 兩個詞就不加區分。但從詞源詞義上說，這兩個詞的含義是有差異的。如果要用積極自由和消極自由來指稱，那麼，liberty 相當於積極自由，即我要自主地去做甚麼或成為甚麼，而 freedom 相當於消極自由，即免受束縛或限制。

自主的 liberty

如果要找到精確的翻譯，liberty 應當翻譯為自主。Liberty 來源於拉丁詞 libertas，是一個帶有羅馬法意義的詞，指人具有主人的身份，有自主權，不是奴隸的身份。羅馬是有奴隸的，奴隸沒有自主權。在城邦裏，自主身份跟公民權是捆綁的。自主的人有法律責任和義務，也有自主的

---

[1] https://en.wiktionary.org/wiki/freedom

道德。Libertas 的自主之義從西塞羅等人的著作很容易看清楚，也只有從這個主奴身份和關係來理解 libertas/liberty，才可能正確地讀懂後來黑格爾所說的主奴關係和尼采所說的主人道德和奴隸道德到底是甚麼意思。在這種語境中，liberty 不能翻譯成誤導性很強的自由，最好翻譯成自主。簡言之，對 liberty 和 freedom 應該區別對待，各自翻譯。Liberty 應該譯為自主，而 freedom 的翻譯則還可以進一步討論。

涉及物理、物質現象的 freedom 譯作無礙

Liberty 跟人的意志和選擇有關，最好譯為自主，那麼，freedom 是否可以譯為自由呢？在中文裏，自由常常跟意志連在一起，指自由意志（free will）。自由就是由着自己、任意的意思。但其實，free 跟 liberty 不同，free 除了可以用在人身上，還大量地用在物理、物質現象上，難道說，物理、物質也有自我、自己並且有自由意志嗎？顯然，如果自由只是指人類的自由意志、自由選擇，那麼，就不能把自由這樣的詞套在物理、物質現象上，因為物體並無自由意志。所以，跟物體相關的 free 一詞不能譯為自由。近來已有學者指出一些翻譯習慣的錯誤，或起碼是不準確的，這類詞還真不少。

比如自由落體（freely falling body）就是一個錯誤的譯法，這裏的 free 是指 free from all forces except gravity，因此，free fall 應譯為無礙下落，freely falling body 應譯為無礙落體。力學、物理、化學中這類名詞很多。

再比如 free body 不應譯為自由體，free end 也不應譯為自由端，因為這裏的 free 指 not joined to or in contact with something else，即不受鉗制，因此 free body 應譯為分離體，free end 應譯為懸空端。Free particle 指不受力的粒子，應譯為無礙粒子，free rotation 是合力矩為零的物體的轉動。

還有，free space 不應譯為自由空間，因為 space 並無實體，談不上自由不自由。這裏的 free 還是指 free from matter，即無物質的空間，故可譯為空宇。總之在談到物理、化學現象時，出現 free 一詞應從無或免於某種束縛去理解。如 free electron model 應譯為無縛電子模型。Free radical 含義為未鍵結基、遊離基，跟自由根本無關。常見的 free charge 根本不是指自由的電荷，而是指人可以移動的電荷，應譯為可移電荷。Free energy 也易產生誤譯誤解，更準確的翻譯應為可利用能。[2]

Free 除了可用在物理、物質現象外，還可以用在人的身上。當它被用在人文社會方面，就跟 liberty 有交集，這時兩詞一般是通用的（故而常常導致混淆）。即便如此，在使用 freedom 時，仍能感受到裏面較強的 free from 的含義。如 freedom from slavery、freedom from fear、freedom from want 等，有人把這幾種自由譯為免於奴役的自由、免於恐懼的自由、免於匱乏的自由，其實是同義反復，不如直接譯為免於奴役、免於恐懼、免於匱乏。現代社會的

[2] 任慶運：《若干重要物理名詞探源》，刊登在北京《物理》期刊 2011 年第 1 期，選自中國物理學會期刊網。

公民權利，說公民有思想、學術、出版、集會、結社、立黨等方面的 freedom，除了慣用的自由的譯法，其實也可以從否定、無、免，即限制／障礙的角度來譯，比如思想無礙、集會無礙等。

涉及人類日常行為的 freedom 譯作無拘束

Freedom 是如何被翻譯成自由的呢？一般認為，自由這一譯詞，主要是受了日本思想家福澤諭吉的影響。福澤諭吉在其早期著作《西洋事情》中，對 liberty 和 freedom 不加區分，他說：「所謂『liberty』即意為自由，根據漢語的翻譯，有自主、自專、自得、自若、自主宰、任意、寬容、從容等等字眼，但至今還不足以解釋盡這個單詞的本意。……所謂自由，首先是按自身喜好做事，不感覺受拘束。」[3]

福澤諭吉還在《西洋事情》初編說，liberty 和 freedom「至今沒有出現合適的譯詞」，暗示他是第一個將這兩個詞譯為自由的人。他這麼說是錯的，他有所不知，在他之前，不只傳教士麥都思（Walter Medhurst）已經將 free 譯為自由，且遠在明清之際，就已有人談到天主的自由了。比如 1628 年天主教徒王徵在《畏天愛人極論》一書中說：「或且妄謂並天不自由，而皆出於天命之自然、當然，其勢不得不然，而莫測其所以然。」[4] 這裏顯然是在將自由與必然（自然、當然）對比。

---

[3] 福澤諭吉《西洋事情》二編卷一，第 3 頁，明治三年（1870 年），尚古堂發行。

[4] 鄭安德編，《明末清初耶穌會思想文獻彙編》，第三本，第 34 卷，第 461-462 頁。

　　明清之際，天主教傳教士一般將 libertas 譯為自主、自專。新教傳教士馬禮遜（Robert Morrison）1807 年來華後，繼承了這些譯法。馬禮遜將 free 譯為自主的，freedom 譯為自主之理，free will 譯為自作主意。[5] 郭士立在《東西洋考每月統記傳》中介紹英國自由民主制度時，就將自由主義稱為自主之理。麥都思 1847 年除了用自主、自專，還用自由來譯 free。[6] 羅存德（Wilhelm Lobscheid）也沿襲了這些譯法。不過，他們雖然已經將 free 譯為自由，還是將自由排在自主後。

　　值得注意的是，羅存德將 free port 譯為無關稅之地，可謂抓住了 port free from tax/duty 的本質，這比今天「自由港」的譯法更逼近原義。[7] 羅存德編的字典後來傳到日本，經過了井上哲次郎的一些改編。[8] 井上哲次郎仍舊將自主排在自由前面。在明治早期，日本的思想家普遍還是認為譯為自主更好一些。比如中村正直在 1872 年時翻譯密爾的 On Liberty 就譯為自主之理，而不是自由之理。

　　在中國，很多人意識到自由不是一個好的譯詞，因為它容易跟古漢語中專指自由任意、不負責任的用法相連。

[5] *Dictionary of the Chinese Language*, by Dr. Morrison, D.D., Part III, Macao, China. Printed at the Honorable East India Company's Press. 1822. p.180-181.

[6] *English and Chinese Dictionary*. Vol. I. Shanghae, prined at the Mission Press, 1847. p.603.

[7] *English and Chinese Dictionary*. Hongkong. Part I, 1866. Part II, 1868. p.870-871.

[8] *An English and Chinese Dictionary*, by the Rev. W. Lobscheid, revised & enlaged by Tetsujiro Inouye, Bungakushi, Tokio: Published by J. Fujimoto, 1883.《訂增英華字典》，羅存德原著，井上哲次郎訂增，藤本氏藏版，明治 16 年。p. 534-535.

在中國語境中，像自由主義這樣的詞很容易被污名化。如毛澤東在著名的《反對自由主義》的文章中，就將自由主義等同於沒有組織紀律、任意散漫、不負責任等等，作為批判的對象。其實，在西方的自由主義（liberalism）完全不是這個意思，而是跟人的自主權、個人與政府的權力界限等主題連在一起的，這是 liberty 的本來含義。只不過 liberty 受到了 freedom 的連累，freedom 確實是指不受限制、沒有障礙、無拘無束。由於 freedom 後來混同於 liberty，在用於人類社會政治領域時，freedom 基本跟 liberty 同義，因此，freedom 就不可避免地具有 liberty 這個詞的自主（自主權）的含義。但是，freedom 的本來的不受限制、不受約束的意思仍舊存在，因此我們建議，在涉及物理、物質現象的 free 時，用無礙比較合適，在涉及人類日常行為時，用無拘束較好，只強調其不受拘束、自由自在的一面。至於責任、義務等，還是讓 liberty 承擔吧。

「自由主義」辨

鄭偉鳴

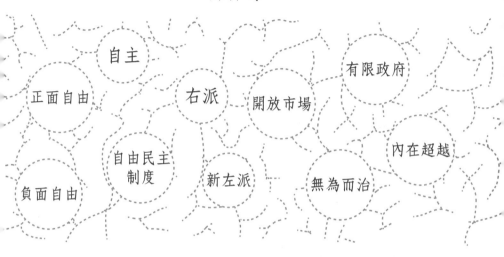

自主　有限政府

正面自由　右派　開放市場

自由民主制度　新左派　無為而治　內在超越

負面自由

　　毛澤東於 1937 年國共兩黨合作抗日之初發表了名為《反對自由主義》的文章，把自由主義說成「取消思想鬥爭，主張無原則的和平，結果是腐朽庸俗的作風發生，使黨和革命團體的某些組織和某些個人在政治上腐化起來」。他在文章裏還列出自由主義的十一種表現，大抵是指做人沒有原則、自由散漫、不負責任。這樣的說法與現代西方社會以至普世對自由主義（liberalism）的理解大相徑庭。

　　「自由主義打造了現代世界」，英國《經濟學人》在 2018 年 9 月的一期紀念它的 175 周年的社論中如是說。這份為鼓吹自由主義而創立的刊物把自由主義定義為「對個人尊嚴、開放市場與有限政府的普遍承擔，以及通過辯論

與改革達致人類進步的信心」。姑勿論「自由主義打造了現代世界」這論斷對不對，自由主義確實是當代一大意識形態，滲透與影響經濟、政治、社會等廣泛領域，既促進全球化，也引起反全球化。

中西方對自由的不同理解

談自由主義不能不先談自由（名詞 liberty，形容詞 liberal）的含義，據《牛津高階英漢雙語詞典》，這個詞所指的為：「自己選擇生活方式而不受政府或威權限制。」西方自由這個詞來自早期法語中的拉丁文 liberalis，意思是適合自由人／紳士，另一早期意思是慷慨。至十六七世紀，這個詞變得有點負面，意謂「在言行方面沒有制約」，但啟蒙運動時期（18 世紀後段），它又變得正面：免於偏見、包容、不頑固或狹隘。到 19 世紀，在神學方面，自由是與正統對立。

在中國，古代時已有自由這個詞，指「不受限制與約束，自己作主」，使用頗為廣泛。漢朝鄭玄的《周禮》註有「去止不敢自由」。《後漢書 · 嚴皇后紀》記載「兄弟權要，威福自由」。漢樂府詩《孔雀東南飛》云：「吾意久懷忿，汝豈得自由。」以上的用法多指獨斷獨行。唐杜甫《晦日尋崔戢、李封》有詩句「出門無所待，徒步覺自由」。白居易的《短歌行》也用到：「世人求富貴，多為奉嗜欲。盛衰不自由，得失常相逐。」唐人使用的自由的意思與前代的不同，應是安閒舒暢，沒有負擔。

　　毛澤東把自由主義說成是自由散漫，從自由這詞根在中國本來的一個含義，以及在西方早期的一個意思來說，他的解釋有一定的根據，但如前述，卻跟現代西方社會以至普世對這個詞的理解很不一樣。自由這個詞的含義的變化與中國近代歷史的跌宕拉上關係，有一個出口轉內銷的過程，屬於所謂「和製漢語」。它早期傳到日本後，使用的意思跟當時中國的差不多。在近代，日本用自由來翻譯西方的 freedom 或 liberty，並把它的含義擴展到法律與政治等範疇的應用，如在法律和制度的規定範圍內，自己的意志活動不受限制，政治活動不受國家權力的干涉。日本這樣做與其在現代化過程中吸收西方觀念有關。日本明治維新時期，被賦予新內涵的自由一詞被引回中國，由於當時中國也在推行變革與現代化，它得到接納與使用。梁啟超就說過：「今我國民智未開，明自由之真理者少。」（《變法通議》，1896 年）

　　西學東漸的過程中，在 19 世紀上半葉，由少數來華傳教士通過翻譯引介西方觀念，其中就有 liberty。根據馬禮遜（Robert Morrison）的《華英字典》、《東西洋考每月統記傳》，以及裨治文（Elijah Bridgman）譯著，他們最早多把 liberty 翻譯為自主之理，後多翻譯成自主。有論者說，把 liberty 翻譯為自主，符合傳教士的需要，將中國人從儒家倫理中解脫出來，使其自主地信仰基督教。由於中國文化本來就有自主修身的精神，加上當時中國社會對變革的需求並沒有後來那麼逼切，這翻譯並沒有得到流傳。

自由主義、負面自由與正面自由

自由作為主義是個舶來概念，我們還是應從它的起源地西方社會以及普世定義作一釐清。自由主義上承 18 世紀啟蒙運動思想，形成於工業化積累大量問題，以及美國與法國革命爆發的時期，後來又有不同方向的發展。總的來說，它贊同資本主義，擁抱開放市場，尊重個人權利，支持社會進步。但對於國家與市場的關係，自由主義的思想家分歧則相當大：凱恩斯（John Keynes）主張國家採用擴張性的經濟政策，通過增加總需求促進經濟增長，提供社會保障；海耶克（Friedrich Hayek）則反對政府擁有強大權力控制經濟，怕會導致擁有控制個人社會生活的權力。

至於 liberty 這概念，美國哲學家傑拉爾德・麥卡勒姆（Gerald MacCallum）曾提出一個公式加以解釋：x 免／不免於 y 的干預或阻礙而做到／達致 z（x 是自由的主體，y 是干預，z 是目標）

結合牛津學者以賽亞・柏林（Isaiah Berlin）於 1958 年在他的 *Two Concepts of Liberty* 論文中提出的「negative（負面）liberty」與「positive（正面）liberty」來討論個公式（麥卡勒姆反對柏林這樣的分類），可以這樣說：y 是負面自由，可定義為不干預或不阻礙做到／達致目標的自由；而正面自由則是令個人更能追求滿足、自主的生活，即使受到干預或阻礙。

自由一詞的內涵與適用性的相關討論

我們可用「是否所有中國大陸公民可以自由前往台灣旅遊」這問題，來探討自由這個詞的內涵與適用性（liberty 與 freedom 皆譯作自由，並有時可以互換使用，本則講的自由通指 liberty）。有的人會說：中國大陸沒有法規限制公民前往台灣旅遊，所以其公民有前往台灣旅遊的自由。若假設另一個地方，它的政府不容許其公民前往台灣，因為它有條法規設置了限制。通過這樣的比較，我們更能瞭解大陸公民享有去台灣旅遊的自由。但有些人會說：誠然沒有法規限制大陸公民前往台灣旅遊，卻不能以為所有大陸人都有自由去台灣旅遊，例如，那些收入僅能糊口的人就沒有錢財可花在外地旅遊。從狹義的法律角度看，這些大陸公民享有 formal liberty（形式的自由）與負面自由，沒有人限制他們去台灣旅遊，但他們卻沒有 effective liberty（有效的自由）。若北京政府因反對台灣民進黨政府的獨立主張，而「不鼓勵」或甚至阻止民眾前往台灣旅遊，則進一步削弱公民的有效的自由。若大陸當局津貼原本想去卻沒有錢去台灣度假的人成行，這就構成正面自由。

另一組有關的討論是「自主」的自由（autonomy）與「做想做的事」的自由。這組概念是要弄清楚有些人做想做的事，但卻不自主；他們享有負面自由，因為沒有別人干預或阻礙他們做想做的事，但他們是否享有正面自由，或自主的自由？柏林擔憂並反對正面自由，他認為它是智

力上的把戲，可被利用而造成傷害：政府可假它之名，決定甚麼是人民需要，而強加在他們身上。他認為，如果某些「揭示出來的真理」出自如階級、宗教或種族的群體身份，自由脫軌的機會就更大。

還有一組相關的討論為：應否通過政治參與獲致自由，抑或由個人活動來取得自由；前者是正面自由，後者可算負面自由。通過政治參與，人們進而參加集體自治、制定約束自己的法律——這樣的正面自由與「自主」的自由，在構想上重疊，也催生了自由民主制度（liberal democracy）。

這些有關自由概念的討論與當代經濟、政治有莫大關係。很籠統地說，右派認為自由主要是民眾免於被別人干涉，這裏的別人主要指國家，所以政府越少干涉民眾的生活越好；而左派認為應創造條件讓民眾可以享有自由。右派奉行的是負面自由，左派主張的是正面自由。近年頗為流行的身份政治，無論是伊斯蘭教原教旨主義，抑或白人至上主義，都與這些自由主義的討論扯上關係。它們重視自己群組（基於宗教、種族等），卻無視其他群組，這就違背了自由民主對每個人都認可的理念。

經濟層面接受，政治層面拒絕——自由主義在中國的現狀

在中國，自由主義長期以來不為信奉馬克思列寧主義的執政中國共產黨所接受，甚至被批判。話雖如此，自

1978 年實行改革開放後，特別在經濟領域，中國採取了不少自由主義的措施，其中包括簡政、放權和鬆綁，開放價格，在農村下放土地使用權和鄉鎮企業經營自主權，以及黨政分家與政府部門功能的轉變。這些措施限制了政府在經濟與民生方面的角色，讓市場與個人發揮較大作用。中國向自由主義靠攏，或從中國共產黨的上世紀八九十年代兩任總書記向諾貝爾經濟得獎者美籍的米爾頓‧佛利民（Milton Friedman），就經濟問題當面「請教」可見一斑。佛利民以鼓吹自由放任資本主義而聞名於世。1988 年，時任總書記的趙紫陽就開放價格等問題聽取佛利民的意見。佛利民在會面中建議，中國應該從一個高度中央集權的計劃經濟體系，轉變成一個分權的自由市場經濟體系。在六四事件後，繼任總書記的江澤民於 1993 年接見了佛利民，會見的背景是自 1992 年 10 月中共十四大提出發展市場經濟以來，在新的改革開放中出現了不少嚴峻的經濟和社會問題。1997 年，中國大陸開展了一場自由主義與新左派的論戰，自由主義主張加強經濟開放與自由市場化，以為如此才能達成改革開放的政治與經濟主旨，新左派呼籲節制市場自由所掩飾的政治壟斷與經濟掠奪，有效建立以公平與平等為導向的社會制度。[1] 這爭論已超越經濟範疇，而進入政治層面了。

習近平於 2012 年中共十八大當選為總書記後，國家權力更趨集中，還出現「國進民退」的疑慮，但翌年召開的中共十八屆三中全會通過關於全面深化改革的決定中，

---

[1] 錢永祥：《自由主義為甚麼關切平等——當代的一個看法》，刊載於陳祖為、梁文韜編《政治理論在中國》第 170 頁。香港：牛津大學出版社（中國），2001 年。

把市場在資源配置中的「基礎性作用」修改為「決定性作用」。這表明「新時代中國特色社會主義思想」確認自由主義對開放市場與有限政府的承擔。事實上，大陸近年在開放市場方面為民企與外資做了不少功夫。中國政府的自由主義經濟措施主要是從自身國家發展的需要，在現時中國的政治話語中，市場經濟也可以為社會主義所用，但自由主義仍是負面的標籤，甚至進一步予以批駁，應與政治層面的自由民主有關。自由民主制度主張三權分立、政黨輪替、普選，皆與中國實行的制度抵觸。

歷史弔詭的地方是，中國傳統文化與經濟模式中本來就有制約政府的因素。道家「無為而治」的主張，民間「帝力於我何有哉」的理想，都是要限制政府的作用功能；長期的自然小農經濟，則提供了免於政治力量干預的經濟條件。在人民自主方面，儒家前期重視個人，有一套「內在超越」的修身達到自主的哲學，宋明以來，這套自主功夫更為系統化。廣為中國人接受的佛教講「依自不依他」，強化了自主的意識。為何在後世，自主意識沒有發展下去，成為中國人的一種權利，形成制度，很值得研究，或許是新儒家應努力的方向，但超出本則的討論範圍，就此打住。證諸中國傳統，並因應自由這個概念的時代內涵，把它翻譯為自主未嘗不值得討論。

遭受左右思想夾擊——自由主義在全球的現狀

「自由」包括在中國社會主義核心價值觀之內，屬社會層面的價值取向。一般而言，現今對這個詞的理解，中

國跟西方的分別不大。從它引申出來的自由主義，特別在政治層面，則仍遭中國官方拒絕。其實，不只中國反對它，在本則開頭引用的《經濟學人》的社論說「自由主義打造了現代世界」，接着便說「現代世界卻與它翻臉」，在全世界許多地方，包括西歐與美國，這主義都在退潮（英國脫離歐盟與特朗普當選美國總統是顯著例子），遭受左與右思想的夾擊。在管治模式上，中國的威權主義則對自由民主主義構成競爭。《經濟學人》承認自由主義的問題甚多，但指出現代許多進步措施、社會福利政策是這個主義貢獻的，故值得堅持，也大有改進空間。或許，中國的學者以至官方的理論家，可以跳出「反對自由主義」的既定立場，綜觀現代歷史發展，且從中華文明的源頭進一步淬煉自主、內在超越的精神，把自由形成更適合時代的創新內涵的一種主義，造福全人類。

「民主」與民本

周偉馳

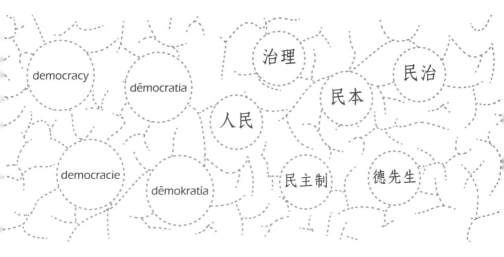

　　民主作為一重要普世價值，當今大概沒有一個國家會說不推行。許多人詬病中國沒有民主的傳統，但也有人認為中國自古有民本主義，對人民的權利是重視的（《尚書》稱的「民為邦本，本固邦寧」；孟子倡導的「民貴君輕」）。當然，依照現代的觀點，民主與民本大有不同。

中國民主一詞的古今詞義變化

　　民主一詞，中國自古有之。《漢語大詞典》在民主條目下引用了幾個例子。《書‧多方》：「天惟時求民主，乃大降顯休命於成湯。」《左傳‧文公十七年》：「齊君之語偷。臧文仲有言曰：『民主偷必死。』」《文選‧班固〈典引〉》：「肇命民主，五德初始。」蔡邕注：「民

主，天子也。」《資治通鑒·晉惠帝太安二年》：「昌遂據江夏，造妖言雲：『當有聖人出為民主。』」亦指官吏。《三國志·吳志·鍾離牧傳》：「僕為民主，當以法率下。」詞典解釋，這裏的民主乃民之主宰者，舊多指帝王、君主。

《漢語大詞典》對「民主」作了現代解釋：指人民有參與國事或對國事有自由發表意見的權利，民主用於國家形式，即成為一種國家制度，與「專制」相對立；作為一種國家制度，民主總是體現統治階級的意志，具有鮮明的階級性。

直接民治到間接民治的西方民主發展歷程

Democracy（民主）一詞最早出現於 1539 年，來自中世紀法語 democracie，而這法語詞 democratie 又來自晚期拉丁語詞 dēmocratia，該拉丁語詞最終來自於希臘語詞 dēmokratía。這個希臘語詞來自於 dēmo（demo）+ kratia（cracy），詞根分別為：demos（名詞「人民」）+kratein（動詞「治理」），就是人民治理的意思，它是跟貴族治理（aristokratía）相反的。

說民主即民治，是因為在這種制度下人民亦即社會成員，參加決定一切有關全社會的政策。或更準確地說，民主是一種社會管理體制，在該體制中，社會成員大體上能直接或間接地參與或可以參與影響全體成員的決策。在古代希臘雅典等城邦，是直接民主，公民通過投票等方法直接管理城邦事務。在現代西方，是代議制為主的間接民主，

公民通過投票選出代表，由代表來落實選民的意志，執行國家管理。民主有廣度、深度和寬度（議題範圍）的問題。廣度指參與治理的人的數量問題。比如在雅典，只有公民才有選舉權，奴隸、婦女都沒有選舉權。在現代早期的英國，只有有財產的紳士有選舉權，窮人沒有選舉權。即使在美國，婦女、黑人也只是晚近才享有選舉權。從歷史上看，從最早只有皇帝或國王一人治理，到貴族參與治理，再到普通人都參與治理，民主的廣度是在一步步擴大。深度是指參與治理的各個環節是否充分有效，比如有沒有經過充分的辯論、討論，選出後是否得到充分的監督等。寬度則指哪些議題是經投票決定，哪些是委託代表或專家進行的。民主一般遵守多數裁決規則和代表制。決議投票中，少數服從多數，以及實行代表制。權力來自於人民，主要體現在投票制上。由於現代國家一般人數眾多，不便實行直接民主，因此實行代議（表）制是必要的。

早期對 democracy 的負面翻譯

19 世紀初，當新教傳教士初來中國的時候，民主制在世界上尚不普遍，只有法國和美國實行了民主制，總統是民選的，英國尚是君主立憲制。由於法國大革命帶來的混亂，傳教士對民主制的觀感不佳。這也反映在他們對 democracy 一詞的翻譯上。比如第一個來華的英國新教傳教士馬禮遜（Robert Morrison），在其 1822 年出版的《華英字典》中就把 democracy 譯成多人亂管（113 頁），另一個英國傳教士麥都思（Walter Medhurst）在《英華字典》（1847-1848 年）中譯為多人亂管、小民弄權，還譯

成眾人的國統、眾人的治理（387 頁）。羅存德（Wilhelm Lobscheid）《英華字典》（1866-1869 年）譯為民政、眾人管轄、百姓弄權（589 頁）。盧公明《英華萃林韻府》譯為眾人的國統、眾人的治理（125 頁）。這些英漢字典傳到日本，被日本哲學家井上哲次郎收入其《訂增英華字典》（1884 年），其將 democracy 譯為民政、眾人管轄、百姓弄權、推民自主之國政。鄺其照《華英字典集成》（1899 年）譯為奉民主之國政（96 頁）。到了 1908 年的時候，這個詞開始跟民主、共和固定下來。如 1908 年顏惠慶《英華大辭典》就譯為民政、民主政體、庶建（這是嚴復的譯法）（577 頁）。1913 年商務印書館《英華新字典》譯為共和政治、民政（137 頁）。1916 年赫美玲《官話》譯為民主政體、平民政治、民政（364 頁）。可以認為，到民國初年，democracy 逐漸被固定譯為民主，雖然《新青年》還在用「德先生」來稱呼它。

至於誰是第一個用民主來對譯 democracy 的人，不易考察，不過，有人指出，1867 年張德彞《航海述奇》中說，北美當初因為「困於英之苛政，遂叛英自立，民主是邦，稱為合眾國」，這裏民主已有今天的含義。王芝在其 1872 年版的《海客日譚》中，用民主一詞來翻譯 democracy，這也可能是民主與 democracy 的最早嘗試之一。後來，嚴復 1895 年 3 月在《直報》上發表《原強》，裏面說「以自由為體，以民主為用」，這裏的民主當是 democracy 之意譯。Democracy 還被嚴復譯作庶建。

在清末民初對 democracy 眾多的譯法中,民主這個詞固然勝出,但在晚清民主一開始還有別的含義。從中文詞語結構來說,民主可以理解為民之主,指人民的頭領,即傳統意義上的皇帝或現代意義上的總統,如把葡萄牙國君稱為民主,把美國總統稱為民主。民主也可以理解為民作主,人民當家作主,也即 democracy 政治制度,如說法國、美國和瑞士是民主之國。在這個時期,有時也會用民主來對譯 republic(今譯共和)。

據一些學者統計,1895 年之前,除了傳教士和外國使臣,中國士人很少用民主一詞。1895 至 1900 年,民主一詞的使用逐漸增多,1897 年出現了第一個高峰,中國士人開始把民主制與君主專制對立起來,作為中國的政治改革目標,如譚嗣同說孔子「廢君統,倡民主」。1900 至 1915 年,民主一詞使用次數迅速增加,1906 年達到最高峰。1902 年,梁啟超將 polity of democracy 譯為民主政體,它跟君主政體和貴族政體迥異。在革命党人和立憲黨人的爭論中,作為人民治理意義上的民主使用次數,超過了跟君主制、貴族並列的民主政體。[1]「民主」與「德先生」一樣,開始成為 democracy 的固定譯詞。

被神化的民主制與被貶抑的傳統帝制

由於民主制在現代西方取得了很大的成果,治理國家

---

[1] 金觀濤、劉青峰:《觀念史研究:中國現代重要政治術語的形成》第 565-567 頁。北京:法律出版社,2009 年。

的權力由極少數人（君王和貴族）擴大到了普通男女和族裔，因此，民主一詞享有巨大的聲望，就跟自由、博愛、人權一樣，成了人人、國國都想利用的名號，哪怕其實際情況跟民主恰恰相反。對民主一詞的濫用，有時會模糊其含義，使其失去本來含義。比如有些號稱人民民主共和國的國家，其實質是世襲制的君主制，權力來自革命（暴力）或外國支持，完全不是人民投票選舉出來的。有些國家用民主集中制來取代民主制，雖然名稱中有民主兩個字，但權力的最終來源仍然跟人民投票選舉無關。

在中國的傳統文化中，以孟子為代表的民本主義有深厚的人民基礎，它跟民主的總體價值趨向是一致的，只不過，中國歷史上並沒有找到投票選舉這樣的民主方法，來實現政權和朝代的和平轉移。中國的王朝循環，有一定的規律，大抵一個王朝初創時，領導階層勵精圖治，體恤民情，腐敗初現後，君王出於「家天下」長治久安的考慮，會治理貪官污吏，出現「中興」現象，但最終仍然是絕對權力絕對導致腐敗，整個社會潰爛至不可收拾。這個過程，一般是十代人左右的時間，享有二三百年。然後是又一輪暴力革命，天下大亂，一切歸零，最後實現了改朝換代，社會進入新一輪循環。由於暴力革命對生產力和文化的破壞作用巨大，因此中國難以實現現代西方式的科技、文化、財富積累，總是在不斷地打圈圈。

鴉片戰爭後，中國被捲入現代化，上世紀 70 年代改革開放後更是深度捲入了全球化進程。在這個過程中，中

國學到了西方的一套話語體系，但按這套話語體系操作時，卻力不從心，名不符實。在政治制度上，中國也引進了西方的民主制因素，曾經嘗試過君主立憲、國會制、總統制、三權分立，但都沒有成功，這背後有各種複雜的原因（如文化傳統、國際形勢）。當今的制度有歷史選擇的原因。實際上，雖然用了一套西方的話語體系，但是中國的權力結構仍舊是傳統中國的繼續延續，它的基本軌道還是傳統的，只是染上現代化和西方的色彩，出現一些新的變化。這些變化改良了傳統體制，使之在全球化時代更有生命力。傳統帝制是「家天下」，家族當然希望長治久安，可以有長遠的政策，但是「家天下」的危險在於，由於嫡長子（通常如此）制的存在，因此，嫡長子或繼位者的個人素質就決定了整個帝國的命運，如果出現一個資質平平的皇帝或者壞皇帝，那整個國家就要倒楣。現代政黨制則是在數千萬黨員的基礎上挑選（在這個過程中使用了歷練、一定的摸底諮詢和民主投票、政績考核等方法）領導人，其領導人一般都歷經歷練，在基層做過許多年，有較強的能力和突出的政績，對於民情有較深的瞭解，對於整個官僚體系的運行也有經驗，上任後能夠有效地運轉整個官僚體系，使國家的發展跟上變化的國內國際形勢，這就打破了「家天下」的局限。鄧小平之後，最高領導人一般是兩任十年（廢除了終身制），正當年富力壯的時候，這在時間上也跟美國靠民選的總統的任期差不多。換屆體現了一種民主因素，讓新人能夠上位，使國家跟上時代。同時，作為同一黨派的領導人，治國也有長遠的計劃，這跟西方國家四五年領導人換屆，政策經常變換的短期行為是不同的。

西方國家的領導人是人民用選票選舉出來的，中國的領導人主要是前任領導階層選拔上來的。這個選拔的過程中，會包含一些民主的因素，如一定的高層範圍內的摸底投票，但還有許多其他的因素，如以往政績、長期言行、品德、思想傾向、出身等等，這裏面有中國傳統的對於賢君和聖王的盼望因素。從個人能力來說，選拔上去的不一定不如選舉上去的，往往可能更有才幹。

中國改革開放四十年來，取得了巨大的經濟成就，人民也享受了越來越多的自由，政治安排中也適當地納入了一些民主因素（如諮詢民主）。最近十年，隨着以華為為代表的中國高科技的崛起，中國模式和美國模式的競爭引人矚目。按照福山的看法，中國在國家治理能力這一項上佔有優勢。這種競爭被很多人視為民主國家和威權國家的競爭。現代民主國家的出現也就是最近三百年的事，相當於中國一個王朝的壽命，它能否競爭過傳統帝制的現代版，還是未知之數。

為民主正名

由於現代以來，知識界對民主的神化和對帝制的貶抑，導致許多國家在制度建設上出現了名實不符的現象。這個問題在移植了西方知識體系和政治措施的東方國家尤其嚴重，出現了「詞語腐敗」的文化現象，導致「身」「心」分離。今天，讓知識界接地氣，結合歷史和現實認清詞語誤用導致的腐敗，進行「正名」，是值得做的一個工作。這個時候，借鑒傳統名詞，對政治現實予以重新命名，而

不是使用模糊不清或故意弄混的外來名詞，或許有一定的
積極意義。

　　綜上所說，democracy 的字面意思是民眾治理，直譯
為民治更佳，相應地，君主治理就可以譯為君治，寡頭治
理可以譯為寡治，君主立憲可以譯為君民共治。這麼譯是
為了直觀看到「治」之一字。民治細分則大致可依手段而
分為直接民治和間接民治。當然，「民主」這個譯法已深
入人心，廣泛使用，似乎也沒有必要改譯。但為強調治理
的本義，恢復「主」為「作主」的意思，也並不過時。

殺人的「正義」

鄭偉鳴

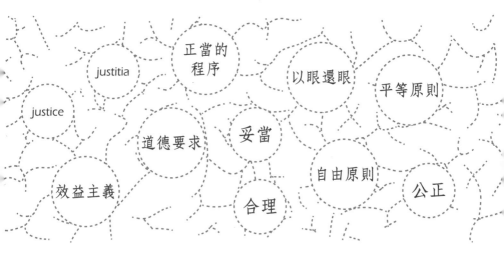

　　古今中外的哲學與倫理學討論中都有個「殺人而義」的問題:「義」是否存在於一人對另一人的殺戮行為中?有甚麼理由可以證明這樣的殺戮具正當性?而對於義的關注,已成為當今政治哲學的重大議題。

中國的「殺人而義」之爭

　　中國內地 2017 年的一則社會新聞,引起了社交媒體的大量關注。話說:辦民營企業(簡稱民企)的母親與她兒子被催債黑幫拘禁、侮辱,兒子憤而刀刺討債者致一死多傷。法院認為被告人「不存在防衛的緊迫性」,不能算防衛過當,按故意傷害罪論處,判以無期徒刑。這起事件折射了大陸基層民企融資困難、黑社會與權貴勾結肆虐、

公職人員瀆職等問題。被告因母親受辱而殺人，乃大眾予以同情的主要理由。

距今一千二百多年前的唐朝，也發生了一起類似的案件，同樣引起關注，這次是兒子為父親報仇而殺人。同州下邽人徐元慶之父徐爽，被下邽縣尉趙師韞殺害。後來徐元慶找到機會把趙師韞殺死，然後投案自首。朝廷中有不少人認為徐元慶為父報仇，是孝義剛烈的行為，應赦免他的罪。諫官陳子昂（寫「前不見古人，後不見來者」的那位）則上書《復仇議狀》，認為按照法律，擅自殺人要處死，徐元慶依法論死，然後對他為父報仇的行為予以表彰，並將此案編入國家律令。同樣任官的文學家柳宗元對此則持不同意見，他在《駁復仇議》奏議中，提出案件發生的兩種可能性：徐元慶之父並未犯下死罪，則趙師韞之誅，必然違法，兒子報仇，是守禮行義，當旌；若徐元慶之父罪本當誅，則趙師韞之誅，完全合法，兒子報仇，是悖驁凌上，當誅。兩種情況，非此即彼。柳宗元在奏議中指出，陳子昂「人必有子，子必有親，親親相仇，其亂誰救」的說法源於對禮的錯誤理解，認為禮對於仇的規定，已決定了其冤屈無告的性質，因而「彼殺之，我乃殺之」的行為，既不合於禮，當然也不合法。

對以上的爭論，柳宗元在奏議中引用的古籍講得很清楚。《春秋公羊傳》：「父不受誅，子復仇可也。父受誅，子復仇，此推刃之道，復仇不除害。」（今譯：父親無辜被殺，兒子報仇是可以的；父親犯法被殺，兒子報仇，這

就是互相仇殺的做法，這樣的報復行為是不能根除彼此仇殺不止的禍害的。）《周禮》規定：「凡殺人而義者，令勿仇；仇之則死。有反殺者，邦國交仇之。」（今譯：凡是殺人而又合乎禮義的，就不准被殺者的親屬報仇，如要報仇，則處死刑。有反過來再殺死對方的，全國的人就都要把他當作仇人。）所以，在殺人而義的問題中，殺本身是否合乎義是關鍵，即是否有正當的理由。但日本學者富谷至認為，殺人而義的義是指責任，只是做應做之事而殺人，正當與否，不在考慮之列。[1]

西方的「殺人而義」之辯

　　西方也有殺人而義之辯論。哈佛學者米高・桑德爾（Michael Sandel）在其廣受歡迎的「正義論」（Justice）課程就有所討論，他喜歡用案例引導學生思考，其中一則是電車殺人事件，另一則是吃人肉事件。前者是虛構的：一輛失控的電車，就要向前撞上被綁在軌道上的五個人，此時你手上有一個調動掣，可把電車轉向綁着一個人的分軌；一或五死，你如何選擇？這個案例並不是桑德爾創造的，而是他母校牛津的一位女性哲學教授菲莉帕・芙特（Philippa Foot）在 1940 年代末提出的，自此，不少人設計不同電車場景，挑戰這個道德難題，形成了一門電車學。後一則的吃人肉案例是在 19 世紀發生的真人真事，還上了英國法庭：輪船遇險，四位船員坐上救生艇，缺水缺糧，在海上漂流八天後，船長提出以抽籤方法，決定殺死他們其中一位，吃他的肉喝他的血，以維持生命，等待獲救；

[1] 富谷至：《中國古代的正義觀》。《每日頭條》引《澎湃新聞》，2017 年 10 月 6 日。

結果船員沒有抽籤，而是殺死因喝了海水奄奄一息的最年輕、孤兒的一位。漂流第 24 天後，三位船員獲救，他們在法庭以殺人吃肉是出於需要作辯護。

就這兩起案例，桑德爾提出的問題是：電車事件，救五人而犧牲一人，吃人肉事件，殺一人而三人活下去，是否對或應做的事？他在課堂上指出了幾個方向讓學生思考：端看結果（邊沁的效益主義，為最大多數人謀取最大快樂）；道德要求（康德的「定言令式」的絕對道德要求，反對以任何理由殺人）；平等原則（每位涉事者皆被公平對待）；正當的程序（涉事者的同意）。

西方殺人而義之辯，還涉及其他的道德論點，如意圖與預見的雙重效果論。中世紀天主教的哲學家湯馬斯・阿奎那（Thomas Aquinas）提出：蓄意殺人不可能是正當的行為，但是若有人生命受到威脅，而拯救他們生命的唯一方法是殺掉攻擊他們的人，道德上就可以允許殺人。[2] 這「正當的行為」可延伸為消滅引起他生命受到威脅的人的因素，可以墮胎為例加以說明。天主教教義是不允許墮胎的，因墮胎的意圖是殺死胚胎，但若孕婦的子宮長了腫瘤，只有切除子宮才能保存性命，因此舉而令胚胎死亡，只是個意外。這樣的結果是可預見，但不是蓄意的。這樣就可以為在電車事件中犧牲一人而拯救五人，給出正當理由。雙重效果論現已成為法律、醫療與戰爭行為的一項準則。

---

[2] 大衛・愛德蒙茲，劉泗瀚譯：《你該殺死那個胖子嗎？——為了多數人幸福而犧牲少數人權益是對的嗎？我們今日該如何看待道德哲學的經典難題》。台北：《漫遊者文化》第 62 頁，2017 年 2 月。

含義相當、根基不同的中西方正義論

概念內涵上，中國的義是否等同於 justice？於 1882
年由上海美華書館印刷的《英華字典》（*English and
Chinese Dictionary*），justice 翻譯為公義、公道。於 1885
年出版、由日本人井上哲次郎增訂的《訂增英華字典》（*An
English and Chinese Dictionary*），justice 翻成公道、公義、義。
在《古今漢語字典》（商務印書館辭書研究中心編），義
可解釋為公正合宜的道理和行為。Justice 在《牛津當代大
辭典》中，解釋為正義、公正、妥當、合理等。根據這些
辭典的解釋，義與 justice 的含義相當。

但中西方的正義論的根基有所不同。義作為儒家四德
（仁、義、禮、智）之一，在先秦古籍已經出現。《說文
解字》說：「義，己之威儀也。從我，從羊。」據《漢字
源流字典》（華夏出版社），義本來的意思是屠宰牛羊以
祭祀，在古代殺牲祭祀是理當辦理的不可廢棄的大事，引
申為正當公正合宜的道理或舉動。儒家認為，義建立在人
的內在德性之上。孟子關於「義內」與「義外」之辯中，
反對告子（屬墨家）的主張：人性中本來沒有仁義，而是
從外面對原材料加工的結果。Justice 在 12 世紀中期的意思
指行使權力確認獎罰的權利；另一意思公平、公正的質量
來自 11 世紀早期法語 justice 中的法律權利、司法權等概念；
它的公正、公平意思則與拉丁文 *iustitia* 有關。所以說，儒
家的可謂德性倫理，西方的是社會規範倫理。

有關義的概念於軸心時代中西方同時出現。中國的戰

國時期，孟子與想稱霸天下的梁惠王作了義利之辨，他的一句「王亦曰仁義而已矣，何必曰利？」千古傳誦。相對於孔子重視仁，孟子重視義。在這裏，孟子把義應用到政治上。作為儒家的孟子不會反對利，他真正要說的是，若一個國家、一個團體的成員都從自己利益出發，最終會鬧得四分五裂；若大家講義，就會團結、和諧，這才是「大利」。孟子這樣講義，有助於吸引諸侯聽從。古希臘時期，哲學家亞里士多德也論及義這個概念，主要講分配正義，着重如何適當分配財富、權力、報酬、尊敬等。《舊約聖經》談及應報正義，對惡行做適當回應（等同所受到的不正當損害）：「以命還命、以眼還眼、以毒攻毒、以牙還牙、以手還手、以腳還腳、以傷還傷、以打還打。」

當代人們講的義主要是社會正義（social justice），這個詞於 19 世紀中期開始使用。聯合國於 1969 年通過的《社會進步和發展宣言》有關文件，對社會正義形成的歷史做了簡單介紹：「這個概念在工業革命和社會主義學說的並行開發時期，首先在西方思想和政治語言中浮現。它的出現成為一種對抗資本主義剝削與改善人類發展的表現，亦成為體現進步與博愛的革命性口號。繼 19 世紀中葉震驚歐洲的革命後，社會正義成為許多思想家和政治家振臂高呼的理念⋯⋯到了 20 世紀中葉，社會正義的概念已經成為世界各地幾乎所有左派和中間派政黨的意識形態與方案⋯⋯」

社會正義這個概念為自由市場資本主義旗手的海耶克

（Friedrich Hayek）所反對，他認為社會正義是個「幻想」，是一種哲學家稱之為「絕對錯誤」的概念混亂。他辯說，個人之間在市場上的互動造成的資源總數的分配，不是任何個別媒介可以計劃的，因此不可以被判斷為正義或不正義。海耶克一向反對國家使用滿足一般基本需求以外的強制手段進行分配，因為這會構成對個人自由的無正當理由的干預。

政治哲學界許多同行同意當代的社會正義理論，是由美國學者約翰‧羅爾斯（John Rawls）在前人理論上形成的。在 1971 出版的《正義論》巨著中，羅爾斯指出正義跟其他概念——自由、平等、社區——有密切聯繫，從而展現一個深層的概念網絡；他且認為正義乃社會組織的「首要德行」。羅爾斯的理論被稱為「公平即正義」（justice as fairness），他提供了一個關於公平選擇的模型：人們會在「無知之幕」引導下選擇「原初立場」，如一個人預先不知道將分得哪塊切下來的蛋糕，他或她較有可能公平地分切整塊蛋糕。羅爾斯的理論帶出正義兩原則：自由原則和平等原則。自由原則讓每個人如同所有人一樣享有最廣泛的基本自由。平等原則表述為機會均等原則和差別原則，而前者較後者優先。若有社會或經濟不平等情況出現，一個公義的社會當確保每一位成員享有平等機會，而在過程中他們不會處於不平等的地位。對於差別原則，羅爾斯認為人們需要誘因來激勵工作，所以需要有某些不平等，令他們選擇某些工作而不是其他工作。一個例子是：如腦外科醫生或有活力的企業主的收入如不比詩人的高，大概就

不會有人願意放棄寫詩的樂趣，其他人就少了腦外科醫生與有活力的企業主的貢獻。

　　另一位對社會正義理論也有相當建樹的是羅伯特‧諾齊克（Robert Nozick），他是羅爾斯在哈佛哲學系的同事，但兩人意見相左。諾齊克認為社會正義關乎尊重人們的自我擁有權，讓他們決定如何處理屬於自己的東西。他的理論可稱為「權利即正義」（justice as entitlement）。對他來說，國家的正當角色是不介入資源的分配去製造一些理想的「公平」分配，而是保護人們不受他人入侵屬於自己的東西。諾齊克說，有三種東西是屬個人所有的：身體、腦細胞；自然資源，如土地、礦產等；人們使用自然資源製造出來的東西，如汽車、食物、計算機等。但他不算是現狀的維護者，他會視現存的不平等為不公義，因它們不是根據以上三項原則取得的。但諾齊克反對由國家實行分配，因為這會利用一些人作為手段來達成目的。他這個立場乃基於康德（Immanuel Kant）的道德理論：我們不能僅僅把他人視為達成自己或其他人的目的之手段，而同時必須把他們視為目的。

　　鼓吹國家實質性分配福利的羅爾斯是左翼自由派，主張自我擁有權與國家扮演放任的「守夜人」角色的諾齊克則是右翼自由派。與海耶克的論說一樣，諾齊克的觀點通過智庫和政策制定部門的傳播，對新右派起了推波助瀾的作用。當今社會正義理論皆受到羅爾斯與諾齊克的學說影響。中國的知識界與當局也相當留意社會正義理論的發展，

而對待這個概念的態度在一定程度上界定了他們政治思想上的立場。中國官方把「公正」（justice 的一個譯法）納入要倡導的社會主義核心價值觀，屬於社會層面的取向。現實上，中國社會正面對許多公正的問題。從上面談到的兒子因母親受辱而殺人的事例，可看到一些不公的現象，亟待處理；間接引起這宗案件的原因就是，銀行對國營企業與民營企業融資的差別政策，逼使涉案的母親向地下錢莊借貸，才有黑幫催債的猖獗。

從詞義的角度而言，義比公正的意涵豐富，也與 justice 指涉的範圍接近。有關這個概念，中國雖擁有深厚的思想資源，亦應以當代中國精神為指引，並參考包括西方在內的其他地方的有關論說，從而豐富這個詞的內涵。如在這個全球化時代，對正義的考量應否從社會推進至全球？兩者會否有所衝突？又如有些人因身份問題而受到歧視，如在美國黑人給警察盤問的機會比白人多（證言不正義），在一些文化裏女性的意見相對男性較易遭質疑（詮釋不正義），這些認知的不公是否也要包括在義的討論範圍？

齊民以「法」

黃山

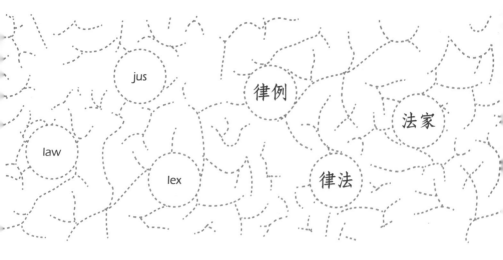

2017 年有則新聞：雲南一名 12 歲的男孩被父親用摩托車拖行，導致遍體鱗傷，原因是男孩偷了家裏 100 元錢，父親按家法處置。[1]

事件中的父親對自己的行為表現得「理直氣壯」，他大概認為中國自古父打子「天經地義」，況且兒子犯了錯，家法伺候並無不妥。他以為自己在「依法治理」犯錯的對象，這就涉及對「法」理解的問題。

一個國家的民情、民風、民俗決定了這個國家的法律特徵，各種關係的綜合構成所謂「法的精神」。這裏先討論一個問題：何為法（英語的對譯是 law）？

---

[1] 《男孩遭父親家法伺候，遍體傷痕裸身冒雨》，鳳凰網 http://news.ifeng.com/a/20170702/51357761_0.shtml?_share=sina&tp=1498924800000

法主刑——中國傳統所理解的法

先看古代與法相關的詞語。大司寇、小司寇等（不同朝代有不同的稱呼），掌管法律刑獄的官吏；法場，是行刑殺頭的地方；法司，古代掌管司法刑獄的官署；法曹，古代掌管刑法訴訟的機關或官名。中國古代為法的詞也大多與懲罰相關，如《爾雅・釋詁》中有「柯、憲、刑、範、辟、律、矩、則，法也」。

再看法字的起源。據《說文解字》，法原作灋；灋，刑也；平之如水，從水；廌，所以觸不直者。按《說文》解釋，傳說有一種叫做廌的獨角神獸，又稱獬豸。在審理案件的時候，獬豸會用角頂觸不講法理的人。法的字形左邊是水。水的意思一說是執法時可以做到公平如水，另一說認為是指把犯人置於水上，隨流而去，所謂驅逐，還是懲罰的意思。先秦到明清，獬豸的形象被當成法的象徵，在各種場合經常使用並作為監察御史和司法官員等的重要標誌，見下圖：

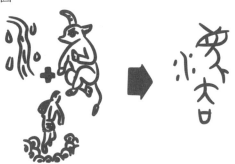

中國刑法之名，可考者始於夏。《左傳・昭公六年》有「夏有亂政，而作禹刑」，這表明「刑」出現的原因是

整治亂政。為了維護國家政權，在禦外的同時，還要採取一系列安內措施。《史記 · 夏本紀》也說「皋陶於是敬禹之德，令民皆則禹。不如言，刑從之」。

如言者，聽話也。聽話是中國傳統中極其重要的一個詞，意思是順從治理。統治者似乎發現了讓人聽話的訣竅，不聽話者，刑法伺候。自夏有「禹刑」之後，商便有「湯刑」三百，周有《九刑》，漢用《法經》，其後有《晉律》、《唐律》、《皇統制》、《大元通制》、《大明律》和《清律》。直至清末採用西法之前，中國的法律並無大改變。[2] 商周的墨、劓、剕、宮、大辟五刑制度，無論是刺字、消除人的某器官或能力（割鼻、割耳朵、斷足、切除生殖器官）或是死刑，究其本質都是讓人成為非完全人，剝奪人的尊嚴。

中國傳統的法的核心作用就是刑罰，目的是阻嚇。但在中國古代法律中，還要用禮來做調節。《論語 · 為政》說：「道之以政，齊之以刑，民免而無恥；道之以德，齊之以禮，有恥且格。」禮既是道德規範，又是法律規範。中國古代法律很早就禮刑並用，並不是一味講求刑罰。

在法律思想方面，古代有過儒法之爭。儒家主張禮治，法家主張法治，但兩者的目的皆是維護社會秩序。長期處於支配地位的儒家並不否定法制的作用，因此吸收了法家的一些主張，但仍以禮、德教化為主，盡量以禮入法。所以，中國有經義法律化的情形，甚至以經（如《春秋》）斷獄。

[2] 呂思勉：《中國通史》第十章，北京群言出版社，2016 年。

法乃公平──西方傳統對法的一種理解

英文中代表法的詞，最常見的是 law。根據牛津詞典（*Oxford Dictionary*）的定義，law 首先指整套的規則「the whole system of rules that everyone in a country or society must obey」，然後才是對具體行為的規定和懲罰「a particular branch of the law」，「a rule that deals with a particular crime, agreement, etc.」，也有指良好品行的意思「a rule for good behavior or how you behave in a particular place or situation」。

中國著名法學家梁治平整理了西方文明國家拉丁語、希臘語、日耳曼語等語言體系中有關法的詞義，見下表：[3]

語種	希臘語	拉丁語	法語	德語	意大利語	西班牙語
I	Τοδιικατου	Jus	Droit	Recht	Diritto	Derecho
II	Υσμος	Lex	Loi	Gesetz	Legge	Ley

表中「語種 I」指法和權利，兼有道德上的正義、公平之意，可以用拉丁文 jus 概括，是抽象的法。「語種 II」通常指具體明確的法律規定，可以用拉丁文 lex 概括，指具體的法。

公正抽象的法（jus）和明確具體的法律（lex）恰好和孟德斯鳩（Montesquieu）對法的分類相對應：自然法和人為法。自然法先於人為法存在，自然法是亙古不變的，

[3] 梁治平：《法辯：法律文化論集》第 822 頁，廣西師範大學出版社，2020 年 1 月。

人為法則是權宜之計，這就好比在人類有能力製作工具畫出第一個標準圓形之前，圓本身早已存在（所有半徑相等的圖形），也好比牛頓定律（Newton's law）的存在和牛頓是否發現它無關。換言之，倘若是其他人發現了該定律（law），大不了換個名字，但這並不會影響定律本身的內容。

西方的法當然也有懲罰的作用。西方基督教文化的一條法律就是「以眼還眼」，耶穌在「登山寶訓」中也曾提及這條規定。（《出埃及記》21：24-25；《申命記》19：21；《馬太福音》5：38）「以眼還眼」的意思是犯過者所受的刑罰必須與罪行相稱。

此法不同彼法

在中西方各自「法」的淵源中，顯然差異巨大。西方的法通常是 law 和 legality。

早期傳教士給 law 找了很多中文詞，如律例、律法、法度、制法、制令、準則、法律、制度、章程等。法律與 law 對譯的模糊性直到 19 世紀末 20 世紀初才得以解決。甲午戰爭之後，中國知識份子發奮圖強，學習西方以救國。法是西方重要的精神，此時中國學習西方的法就不僅僅停留在抽象層面，而是引入具體的法條，甚至是全面法制體系的移植。

西方法制體系的移植，是通過大批日譯法律工具書的

譯介得以實現的。法律一詞詞義的演變更是離不開日譯法律工具書的普及推動作用。據統計，1902 年至 1911 年，晚清僅《法學通論》教科書就有數十種，幾乎清一色來自日本的譯著。也正是在這個時期，law 清晰地和法及法律等同起來，沿用至今。

在法律專業著作中，law 的詞義可以和法等同。然而直到今天，一些現代漢語詞典對法律的定義是「由立法機關制定，國家政權保證執行的行為規則。法律體現統治階級的意志，是階級專政的工具」，這裏沒有 law 的自然法（jus）的含義。中國傳統法家沒有自然法基因，後世卻把 law 等同於法，所以，使用法與 law 兩個中西詞語時，要留意這個區別。

如何重譯 law 呢？要找到其善良的屬性，不妨回到先秦諸子中。其實墨家、儒家和道家的思想都有自然法的因素，道家謂之「天道」，天下通行之路。然而具體到社會治理的實踐領域，道法自然，容易淪為無為而治，似乎和現在所談的 law 不一致。儒家謂之「天常」，具體表現為「禮」，所謂「夫禮，天之經也，地之義也，民之行也」，似乎也符合這個意思。但是同樣在實踐中容易「禮義由賢者出」，主觀性強，和現在所談的 law 也不一致。墨家謂之「天志」，奉為天下之明法，亦含有規則的意思，我得天下之明法以度之。《墨子‧天志上》：「我有天志，譬若輪人之有規，匠人之有矩。輪匠執其規矩，以度天下之方圓。」

順天意者，義政也，義謂天下合宜之理，似乎 law 可以翻譯為義。西方的法是高於統治者的，中國古代皇帝天子所恐懼的也只有「天」。從這個角度來說，義所代表的天志接近西方的 law，一如摩西律法是上帝的親口傳授。

Law 同時具備規範、約束行為的意思，不妨在義的基礎上加上規字，合在一起成為義規。義規既保留了原有的規範之意，也陡然顯得有溫度，建議以此來對譯 law。

「法治」的刀性和水性

黃山

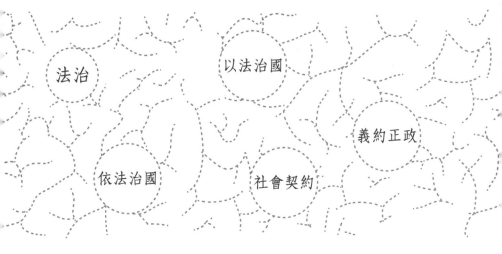

《現代漢語詞典》對「法治」這個詞的解釋依然為：
（1）名詞，先秦時期法家的政治思想，主張以法為準則，
統治人民，處理國事；（2）動詞，根據法律治理國家。

中文的法治意味着以法治國或依法治國，這是個動賓
短語，因此也隱含了一個更為主動、更為直接的主語：統
治者。在此語境中，法律不可避免淪為工具。換言之，統
治者可以用法律作為手段，也可以不依法律處事。

主張用法律作為主要手段治理國家的人，就成了法
家。從簡單功能性的刑罰發展為整體依法治國的方案，先
秦時期一群知識份子將其贈送給諸侯君主，用以爭霸。法
家集大成者韓非對法的理解是「編著之圖籍，設之於官府，

而佈之於百姓者也。」（《韓非子‧難三》）意思是法制定好後，要由官府來管理，公佈天下，好讓百姓瞭解和遵守。這和法家先驅管子的思想同源：「有生法，有守法，有法於法。夫生法者，君也。守法者，臣也。法於法者，民也。」

刀治——國之重器

在法家的眼中，世界被明確分為兩個對立的群體：立法者和守法者，即統治者和被統治者。《管子明法》中有「威不兩錯，政不二門。以法治國，則舉錯」，意為君權不能由兩家佔有，政令不能由兩家制定，因此其中的以法治國不過是一切按君主的意志處理而已。中國古代制定的法的形式包括律、令、格、式、例等等，幾乎就是皇帝命令的同義詞。君主王權至高無上，法律從來只是治理守法者而非立法者。雖有「天子犯法，與庶民同罪」一說，然而歷史上甚少發生，真相是「刑不上大夫」，更何況天子。

如果採取法律為手段，那麼暴力在刑法的庇護下變為合法的執法行為。統治者可以憑藉對人們肉體的傷害完成精神的閹割，以實現治理的穩固，可見古代的法治主要是刀性，即刀治。但如本書另一篇文章《齊民以「法」》所說，古代法律中還用禮來作調節，某程度上減低了刀治的鋒利。

水治——把權力關進制度之中

法治在西方最常用的詞語是 rule of law。

在西方文獻中，rule of law 主要是指法律高於一切的法律原則或法律高於一切的社會。Rule of law 指治理一個國家的原則，是名詞短語，of 表達的是兩者的關係，可以是從屬，也可以是同格。如果 rule 從屬 law，統治就必須是法治而非人治，law 是本質而非手段。

《柯林斯英漢雙解大詞典》中對 rule of law 定義為：The rule of law refers to a situation in which the people in a society obey its laws and enable it to function properly。根據定義，法治指一種環境（situation），在該環境下，社會中的人們遵守該社會的法律，並且使該社會運作正常。可見，法治優先保證社會具備正常運作的秩序。倘若平衡的秩序建立不起來，國家也不復存在，因此法律是先於國家而存在的。這個理解也和古希臘各城邦國家形成的過程相關。

公元前 6 世紀初，雅典社會內部貧富差異加大，奴隸和外邦人增多等因素使得城邦社會的穩定受到威脅。梭倫（Solon）以執政官身份進行一系列改革，提出以公民大會為國家最高權力機關，以民眾法庭作為最高審判機關，希臘一切公民，不管是窮是富，都有權參加。

梭倫改革是貴族和平民兩大集團激烈爭鬥的產物。法律、權利、公正和道德的討論總是交織在一起的。利益集團的對立和衝突，必然導致對公正的不同理解。平民主義認為，只要人們出身平等，就要一切權利都平等；寡頭主

義認為，只要人們擁有的財產不平等，就應該一切都不平等。所有人都追求自認為的公正，但屁股決定腦袋，各有各的道理。可是如果尋找不到新的社會秩序，社會將在不可調節的內部鬥爭中崩潰，這就需要一種表面上駕馭社會之上的力量緩和各方矛盾，將衝突保持在可控的秩序範圍內。

秩序不是人們從外部施加的壓力，而是在社會內部建立的平衡。在德國哲學家康德（Immanuel Kant）看來，法律是一個人的自由與他人的自由共存的條件總和，其法律哲學是以權利開篇，以權利結束。英國思想家、自由主義者洛克（John Locke）認為，何處無法律，則亦無自由。古羅馬著名政治家西塞羅（Marcus Cicero）說，為了自由，我們做了法的奴隸。英國經濟學家、新自由主義代表人物海耶克（Friedrich Hayek）認為，所謂 rule of law，指的是政府的所有行動均受到已確定並已宣佈的規則之約束（government in all its actions is bound by rules fixed and announced beforehand）。法治要把權力關進制度之中。

法國著名思想家盧梭（Jean-Jacques Rousseau）在《社會契約論》中核心的觀點是：人生而自由，但卻無往不在枷鎖之中。這個枷鎖就是國家。國家要求每個政權下的公民放棄所有的天然的自由，而去爭取一種契約的自由，在參與政治的過程中，只有每個人放棄了所有的天然的自由，並將其轉化給整個集體，人們才能獲得完全意義的平等的

契約的自由。在國家之中，契約就以法律的形式確定下來，各方依照契約行使，此為法治。

西方認為的法治是要確保公平的倫理意義和社會價值，是參與各方平等協商的結果，此為法治的水性，即水治。

人們把雅典民主時期國家的治理奉為法治，其不僅在傳統上也在思想上為後來的西方民主和法治發展奠定了基礎。法治國家的觀點和實踐成果，是西方各個法治國家的共同財富。

西方視覺下，世界正義項目（World Justice Project）推出了法治指數（the Rule of Law Index）的衡量標準，包括對政府權力的制約（constraints on government powers）、沒有腐敗（absence of corruption）、開放政府（open government）、基本權利（fundamental rights）、秩序與安全（order & security）、監管執法（regulatory enforcement）、民事正義（civil justice）和刑事正義（criminal justice）八個方面，全面衡量不同國家地區的法治指標。

值得注意的是，水治的適用對象前提是你要有能力上岸，成為規則制定者其中之一。否則，對於其他人，即使近晚，西方對某些群體，採用的卻是刀治而非水治，如黑人、婦女、印第安人、非基督徒。這些群體雖然在法律面

63

前人人平等，但因其沒有真正參與法律的制定，所以不可能存在事實上的平等。因此，法國大革命以來，現代主義先驅要求事實上的平等而非法律面前人人平等。

無論如何，水治成了一種理想的追求。下表簡單小結一下西方和中國對法治的不同理解：

	西方傳統 Rule of law（水治）	中國傳統 Rule by law（刀治）
字詞結構	名詞	動詞
字詞本意	公正，權利，原則	刑，律
功能目的	平衡各方利益	着重治理，維護穩定
權力來源	權力受到法約束	權力合法化
法律理解	本質	手段

法治詞義演變

甲午戰敗後，中國知識份子對西方的學習，不僅僅停留在詞語層面，而是深入引進具體的法律制度和法治精神。

當時，梁啟超使用法治一詞來表述西方的 rule of law。他在 1906 年所寫的《管子傳》中說：「今世立憲之國家，學者稱為法治國。法治國者，謂以法為治之國也。」

嚴復在 1909 年譯著孟德斯鳩（Montesquieu）的《法意》（即《論法的精神》）的論述中也表達了與梁啟超同

樣的觀念。儘管嚴復沒有直接用法治一詞，譯著中卻出現
512 個治字。

　　法治一詞成為官方使用，則是由清末法學家沈家本開
始的。英、日、美、葡諸國在與中國續訂商約時曾表示，
如果中國律例與東西各國改為一律，即放棄在華的領事裁
判權。熟悉中西法制的沈家本接受清政府任命，出任政府
立法大臣，領導修律變法。沈家本主要翻譯和研究東西各
國法律，並整理中國法律舊籍。在翻譯過程中，他辨明文
義和甄定名詞，用於改造中國舊律和創立新法。沈家本認
為，「近今泰西政事，純以法治」，而日本明治維新以後，
實行法治，國勢日強；所以，中國要維新圖強，就要實行
法治主義。沈家本所主張的法治主義，已不再是先秦法家
所主張的法治主義，而是資產階級的法治主義。

　　梁啟超、嚴復、沈家本等知識份子對 rule of law 的理
解是準確的，即法治就是法的統治，只是他們借用了先秦
法家的話語來表達這一概念。無奈當時中國政局不穩，始
終無法建立法治國家，知識份子的理想僅停留在書面上。

　　中國共產黨建國後，法治作為資產階級的法學觀或舊
法觀點被否定。儘管在 1954 年制定憲法時肯定了法治，
但在 1957 年開展反右運動時，法治被定性為右派言論，
再也沒有人敢提。

　　文化大革命過後，中國的法制建設一直在進行，於

1982 年通過現行憲法。1986 年，鄧小平強調要「處理好法治和人治的關係」，此處法治用作名詞與人治對立，其本意乃強調要依法治國。此後，法治一詞在國內就約定俗成為依法治國。1997 年，中共的十五大提出依法治國基本方略；1999 年，依法治國被寫入憲法。

現在，中國官方對法治的理解為 rule of law，在對外宣傳文本中，統一把依法治國翻譯為 rule of law，如《習近平談治國理政》一書中多次出現法治和依法治國的字眼，其英譯本中均譯為 rule of law 而非 rule by law。有批評者認為這樣的英譯不對，因為中國的政治權力並沒有真正為法律所規範。官方媒體也有把依法治國譯為 ruling the country according to law，在字面上可能更符合中國的現況。

義約正政

對法治而言，大體上有刀治和水治兩種理解，其中的不同，可能是因為東西方文化的差異，可能是社會形態的差異，也可能是古今的差異。為了更好區分水治和刀治，不能籠統地把 rule of law 翻譯為法治。

《齊民以「法」》建議將 law 翻譯為墨家主張的「義」。義是相對主觀的，每個人心目中對義都有自己的理解，這不免造成管理混亂，因此墨家也提倡「尚同」，社會成員自下而上尚同於天子之義，社會成員的意願層層上達，天子及其以下的各級官吏按共同的義行事，從而達到「一同

天下之議」的治世。層層民意的達成和盧梭的社會契約論
有共同之處，故 law 可以進一步翻譯為義約。

　　如上所述，rule of law 中，如果 law 和 rule 同格，是
最理想的境界，rule 可翻譯成政。子曰「政者，正也」，
rule of law 可翻譯為義約正政。

有流品無「階級」社會

黃山

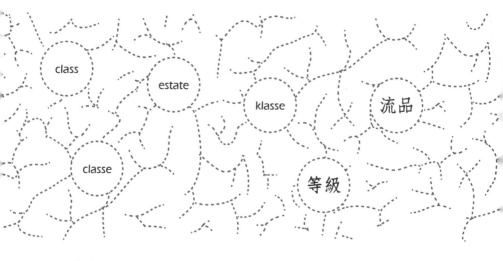

　　飛機在藍天之上翱翔，機艙裏面有幾道門將機艙分開：
頭等艙、公務艙和經濟艙。艙門前後，是截然不同的世界。
從還沒有登機的時候開始，頭等艙的旅客就可以有專門的
休息室，登機也不需要排隊。經濟艙的乘客可能無法想像
得到，頭等艙裏面可以躺着睡覺，看電影，打電話和洗澡；
頭等艙的乘客可能也想像不到經濟艙的擁擠，甚至出現一
個特指的詞：飛機幽閉空間恐懼症。

　　頭等艙、公務艙和經濟艙，英文分別是 first class、
business class 和 economy class。物以類聚，人以群分，人
是可以按照 class 分的。在政治社會學中，class 現今被翻
譯為階級。無論中西語境，要理解 class，都要思考：是甚

麼因素決定了不同人所屬的 class ？要拿到一張 class 的門票是靠政治權利，抑或金錢，抑或名望，抑或職業，抑或才幹，抑或出身，抑或運氣，抑或其他？這也回答了同一 class 的人有甚麼類型的特徵。

倫理本位，職業分途——中國傳統所理解的階級

階級一詞自古有之，唐代陸龜蒙的《野廟碑》中就有「升階級，坐堂筵，耳弦匏，口糧肉，載車馬，擁徒隸者，皆是也」，其中的階級指的是台階。《舊唐書・高宗紀上》中有「佐命功臣子孫及大將軍府僚佐已下今見存者，賜階級有差，量才處分」，其中的階級則是指官職的等級。商務印書館出版的《現代漢語詞典》對階級的解釋有三種意思：台階；舊時指官職的等級；人們在一定的社會生產體系中，由於所處的地位不同和對生產資料關係的不同而分成的集團，如工人階級、資產階級等。前兩種意思正是中國傳統所理解的階級。

台灣學者文崇一在撰寫文章《官民階級與階級意識：中國的階級模式》的過程中，整理中國傳統著作中出現的階級或階級相關詞語的用法時發現，階級一詞使用頻率不高，階級的語境基本上等同於等級。著名國學大師梁漱溟不否認人類社會階級存在的客觀性，他在其著作《中國文化要義》中指出：「人間貴賤貧富萬般不齊，未嘗不可都叫作階級。但階級之所以為階級，最重要的標誌當是經濟、政治上的對立爭衡。」中國近代政治家、維新派代表人物

梁啟超不承認中國社會存在階級現象，認為「歐洲有分國民階級之風，而中國無之」。[1]

歷史上，從周代禮崩樂壞（詳見本書《「封建」制度與社會》一文）到末代清朝的倒塌，中間漫長的兩千年，中央集權模式是中國政治體制的主流。如果說中國有階級或地位群，更多是指中央集權下形成的官民兩個階級，並衍生出官民文化。官民之間存在着對立和衝突，然而和西方傳統的貴族文化相比，中國的等級色彩要淡薄許多，其中有兩點原因：第一，中國的統治者只有皇帝。雖然官僚幫助皇帝打理天下，但從本質上而言，官僚也只是打工仔。古人云伴君如伴虎，皇帝自己永遠是孤家寡人。第二，官僚階級的組成不穩定。官位不是世襲的，民也有機會做官。所謂學而優則仕，讀書人可以讀取功名做官；所謂紅頂商人，商人可以捐錢買官；所謂半耕半讀，指農耕和讀書人不能截然分開，同時中國人賴以生存的土地似乎又把官民交織在一起。小農土地很少，鄉紳土地比小農多一點，官員和商人有錢也可以置地。

中國人的傳統理想是生活在世外桃源，陶淵明名作《歸園田居》中就有「少無適俗韻，性本愛丘山。誤落塵網中，一去三十年。羈鳥戀舊林，池魚思故淵。開荒南野際，守拙歸園田。方宅十餘畝，草屋八九間」的詩句。陶淵明是詩人，當然是知識份子，現在要去「開荒」、「歸園田」，那也算是農。詩中出現的三十年的「塵網」，則

---

[1] 梁啟超：《論中國與歐洲國體異同》，發表於《清議報》，1899 年。

是指陶淵明為官三十年，擁有「方宅」、「草屋」，可見陶淵明還是個小地主，他有着多重身份。

這些身份對應中國傳統的四民——士農工商。梁漱溟認為，秦漢以後到近代，中國社會的階級衝突漸漸為職業分途所取代。每種職業可以形成自己的利益集團，比如知識份子的東林黨、公車上書，還有商幫、船幫、鹽幫等等。職業集團之間有衝突，但更多是各歸本位。俗語說，龍生龍，鳳生鳳，老鼠兒子會打洞。龍鳳自然和老鼠等級不同，但龍鳳在天上飛，是不會搶老鼠地盤的。

中國人向上流動不是通過搶地盤的職業的外向用力，而是講究職業的內向用力，此所謂行行出狀元。不同的行業都有向上的可能，所謂「朝為田舍郎，暮登天子堂」、「一人得道雞犬升天」、「鯉魚跳龍門」。行業內的地位分化稱為流品，即品類，等級，本指官階，後亦泛指門第或社會地位。同樣是給政府工作，有官吏之分，同官階的文官武官地位也不一樣；而知識份子，則有清流濁流之分，教書人和師爺口碑也迥然不同。中國現代著名歷史學家錢穆因此直言「中國無階級而有流品」。

中國傳統文化中的家族、地緣、倫理等意識，使得不同階級的人都具有相似的行為概念，再大的官回到家裏也要聽從老母親主持家事。同時，中國階級的職業化傾向，增加了階級之間的流動，也緩和了階級衝突。倫理本位，職業分途，大家相安無事。

總結一下，中國傳統中的階級＝職業分途為主，官民對立為次＋共生為主，衝突為次。

中國這艘大船航行兩千年，直至近代才遇到數千年未有之大變。

對立、衝突和鬥爭——馬克思所理解的 class

19 世紀中後期，中國遇到數千年未有之大變，而歐洲的變稍微早一些，標誌性事件就是文藝復興和法國大革命。

歐洲中世紀在王權和教權鬥爭後形成等級君主制（estates of the realm），將社會分為三個階級，第一階級神職人員（祈禱者，those who pray），第二階級貴族（戰鬥者，those who fight）和第三階級平民（those who work）。法國大革命就是第三階級起來，對前兩階級的革命。

隨着工業發展，19、20 世紀工人運動的興起，原有的第三階級的統稱不能滿足後續的社會分層。底層人民和工商業界的社會分離開始加速，在此歷史背景之下又衍生出第四階級，稱為無產階級（proletariat），和第三階級（bourgeoisie）相對。

可見，近代西方理解的 class 更多是一種經濟概念而非政治或文化概念。從詞彙史上看，近代以前，英語表示社會分層流行的詞，主要是 estate、rank、order 和 degree。

這是中古社會舊觀念對等級的理解。法國大革命之後，西方人更傾向用新興名詞 class 來代替原有的 estate。Class 更多和經濟相關，表示工業社會的社會結構分層。相似的，法語 etat 轉變為 classe，德語 stand 變為 klasse。

一般來說，class 概念被賦予衝突對抗之義並被廣泛使用的是馬克思（Karl Marx）。在《共產黨宣言》中，馬克思明確地把社會分為兩個階級，資產階級（bourgeoisie）和無產階級（proletariat）。馬克思以經濟基礎的生產資料的佔有程度劃分 class，着眼點在於無產階級以暴力手段推翻資產階級的統治，此所謂階級鬥爭（class struggle）。流血暴力的革命成為階級的互動方式，一如《國際歌》所唱：「舊世界打個落花流水……不要說我們一無所有，我們要做天下的主人。」如果一不小心真的打得落花流水，整個社會都要重新大洗牌。

下表是中國傳統的階級和馬克思主義的 class 的異同：

	中國傳統的階級	馬克思主義的 class
劃分標準	身份、倫理本位、職業分途	生產中的經濟結構，尤其對生產資料的佔有
相互關係	共生、各歸其位	兩元對立、暴力鬥爭

Class 譯詞演變史

在早期傳教士編寫的《英華字典》中，class 被翻譯為

等、科、類、品等。更多情況下，class 並不單獨使用，而是和某些群體聯繫在一起，如 a class of persons 就對應為一種人，low class 可以是低品、下等之人、下流、下賤之輩、小人，high class 就是上等人、上流、君子，middle class 自然是中流。

在這個時期，class 的翻譯並無不妥。按照中文習慣，特指某個職業群體而沒有尊卑之分時，甚至可以不需要把 class 翻譯出來，如 working class 可以是勞工、勞民，four classes of people 是四民——士農工商。在早期翻譯 bourgeoisie（現主流翻譯為資產階級）和 proletariat（現主流翻譯為無產階級）時，對應為資本家和無恆產者、平民、庶民，中文並未出現階級一詞。

階級一詞的翻譯也要追溯到日本。事實上，在明治時期，日語的階級也是和等級、台階對等，和古漢語類似。直到翻譯西方社會主義時，階級被賦予了「社會階級」的意義。1899 年《現時的社會主義》一書中出現了兩個對立階級，包括生活奢華的階級（ogoreru kaikyu）和饑餓的階級（uhetaru kaikyu）。這就和馬克思的 class 概念接近。

同日語一樣，混同身份等級與現代階級的概念，在階級觀念傳入中國之初就遭到誤用和泛化。如下述：

古代中國的階級 = 身份等級（包括職業）+ 各享其享

近代西方的 class = 經濟結構 + 衝突鬥爭

混用一下就成了：近代中國的階級 = 身份等級（包括職業）+ 衝突鬥爭

　　對於調動鬥爭的積極性來說，再也沒有比階級更好的詞了。如果翻譯為流品，要讓下流人挑戰上流人似乎站不住腳。階級意味着尊卑，有上下之分，潛在有壓迫被壓迫之意。鼓動以下克上，似乎有天然的道德優勢，由此衍生出一套中國階級鬥爭理論，從此打上了厚重的意識形態色彩。中國共產黨成立初期，逐漸建立起以階級為核心的革命話語體系，指向掠奪、壓迫、剝削、對立、分化、鬥爭、仇恨，階級實現從階級聯合、階級合作到塑造敵我的轉變。在這個話語體系中，打土豪、分田地變得道德正確，一如以前的官逼民反，替天行道。

　　階級的泛化把傳統意義上的士農工商四民社會劃分為具有明顯衝突、對抗意義的階級，又根據現實鬥爭的需要，進一步細分為地主階級、大資產階級、買辦階級、民辦資產階級、小資產階級、富農、中農、貧農、工人階級、僱工等等。從歷次革命到抗日戰爭，從抗日戰爭到建國後的運動，每次因為敵我不同，每個人的階級歸屬會略有不同。

　　在階級鬥爭建國論的大環境下，梁漱溟的四民階級調和論顯得如此不合時宜，實在是歷史的憾事。

階級或許為流品所取代

　　1982 年，中國的憲法明確指出：「在我國，剝削階級作為階級已經消滅。」沒有剝削階級，自然就沒有被剝削階級，就國家內部而言，也沒有階級鬥爭的說法。目前中

國有各種階層，誠然也有勞資矛盾和幹群矛盾，但沒有馬克思主義定義的 class。

社會政治概念詞的翻譯要考慮在社會政治語境中的使用，階級一詞的翻譯以往大概有這麼一個脈絡：

	古代	近現代	當代及未來
西方	estate、rank、order、degree	class	？
中國	等級、流品、閥閱	階級	？

着眼社會的發展，馬克思所指的 class 的翻譯須找到一個合適的詞，去描述當代的各種群體，包括各種零零後、二次元等等。以往，無論是把社會分為奴隸主與奴隸、地主與農民、資產階級與無產階級，或者是富與貧、貴與賤、統治者與被統治者，其實都是意識形態理論為了既定的社會政治實踐而人為預設的一種話語框架。當代法國著名的社會學家布爾迪厄（Pierre Bourdieu）在其著作《區分：對趣味判斷的社會批判》中提出文化資本的概念，將文化視作資本。他認為除了區分物化的元素（經濟、地位）等，更重要的是區分「特質、獨異、可供辨識」的文化符號，反映在生活方式和心態上，就連飲食、衣着、音樂欣賞都產生了社會空間。他這個分類可能更能反映社會的真實狀況，也是個更有效的社會分析架構。

　　不同群體的品味大相徑庭，就飲食而言，整體來說，上層社會講究牛魚高營養食物，下層社會習慣鹹肥高熱量食物。中層社會中，教師和小老闆可能收入類似，但攝入的酒精類飲料、聽的歌曲都不一樣。晉惠帝聽說百姓有人被餓死，感到很奇怪，竟問侍臣：「百姓既無飯吃，何不食肉糜？」這故事是荒唐，但這不僅僅是皇帝剝削百姓的階級鬥爭問題，而是一群人完全不瞭解另一群人的生活。

　　布爾迪厄重新定義一些詞語來描述這種現象，如distinction、habitus，這裏不詳細描述。中國古代有陽春白雪和下里巴人之分，這也是一種品味。或許，為適應社會的發展，在概念上階級（class）將逐漸被基於趣味的區分（distinction）所取代，因而翻譯成流品更好。

「國」與「家」的結合與分離

黃山

第二次世界大戰的戰場上，有一支部隊，他們是擁有日本血統、美國國籍的士兵。他們普遍身材短小，比其他美軍士兵平均低上幾個頭，作戰也常以偷襲為主，因此被蔑稱為「土撥鼠」。

二戰時世界分為兩大陣營：軸心國以德國、日本和意大利為主，同盟國一方是美國、蘇聯、英國和中國等。珍珠港事件後，美國上下充滿對日本歇斯底里的憤怒並開始復仇，戰場上交火，同時把移民美國的美籍日本人關進集中營。或許是為把家人救出集中營，或許是為證明自己就是美國人，一批日裔人士主動申請從軍，為美國作戰。美國當局不信任他們，不敢讓他們和日本直接作戰，而是把他們投放到歐洲，和日本的盟友德國人打仗。

「土撥鼠」部隊作戰英勇，傷亡率特別高。當他們戰後回到美國的時候，每個人胸前掛着三四個日裔同袍的骨灰盒，但此時他們的親人還被關在美國的集中營裏。忠於國家的責任感情與宗祖血緣關係兩者之間的尖銳衝突，也許在內心折磨着他們。他們深陷這種困境，凸顯「國家」這一概念所指涉的文化內涵。

家國同構的天下——中國傳統所理解的國家

在現代漢語詞典中，國家一詞被普遍定義為「階級統治的工具，同時兼有社會管理的職能。國家是階級矛盾不可調和的產物和表現……指一個國家的整個區域」。（商務印書館《現代漢語詞典》第七版）這是一個極具政治學色彩的解釋。如果按照這個解釋，似乎國家和家國並沒有太大差異，那國和家是怎樣結合到一起的呢？

在古漢語中，國和家是兩個獨立的字。國字起源於或（通「域」），引申指地區、區域，又引申指分封的諸侯國。家是會意字，見下圖中的不同字體。甲骨文字形中，上面是宀，表示與房屋有關，下面是豕，即豬，而豬是當時最隆重的祭祀品，因此家的本義是屋內、住所，用來祭祀祖先或家族開會，引申出家庭、家養、學派、群落等意。古文中亦將卿大夫治所稱為家。

甲骨文　　　　金文　　　　小篆　　　　楷體

　　國和家是不一樣的，諸侯治疆域為國，大夫治疆域為家。那國家是怎麼來的呢？梁啟超認為起源於氏族，曰「凡國家皆起源於氏族，族長為一族之主祭者，同時即為一族之政治首領」。氏族是原始社會中為了生存以血緣關係結合的人類社會群體，其成員一般有一個共同的祖先。古代的人以氏族形式結合在一起去狩獵和生存，甚至不同氏族之間搶奪地盤，炎黃大戰蚩尤便是如此。今天的華人都是炎黃子孫，也是屬於這個擴大了的氏族。

　　周朝建立後，王室將同姓的宗親兄弟和小部份功臣分封為若干諸侯國（詳見本書《「封建」制度與社會》一文），周朝王室就成了「天下共主」。周朝的分封制是典型的家族統治政治化，依照血緣親疏關係確定政治的上下級關係，層層向下進行分封。分封制形式上是土地、人民的分封，實際上是權力的分封。該時期大概是如下的治理結構：

統治者	範圍稱號
天子	天下
諸侯	國
大夫	家

　　為了維持這種結構，周朝也發展出一套完整的周禮，「普天之下，莫非王土；率土之濱，莫非王臣」的觀點成為當時的共識。諸侯在禮法的規則下不敢造次，士大夫的家要服從諸侯的國，諸侯的國要服從天子的天下。

對周禮推崇有加的是儒家。在《論語》中，天下、國、家出現頻繁，但沒有國家一詞。孟子把國、家放在一起，但不是現代的國家概念。孟子說「人有恆言，皆曰天下國家。天下之本在國，國之本在家」，這就涉及到儒家的重要概念「家國同構」。

儒家以忠孝為價值構建的社會結構，稱之為家國同構，意思是家族、家庭與國家在組織上完全一樣，是按同樣的規則建立起來的，具有相同的結構。家裏面的老百姓，主要是血緣關係，由孝來調節，要求子女孝敬服從父母。而為政者與老百姓的關係則比擬為父子關係，以國來調節。百姓視為政者為父，完全地服從奉獻，為政者則愛民如子。宗法社會的家族父權式以上臨下的強制性秩序同樣適用於家和國，父為家君，君為國父。

在中國傳統社會中，幾乎沒有割裂了血緣紐帶還能正常生存的人，幾乎所有人都與自己的家族血脈相連。家族或家庭是中國人的生存單位，在這種背景下，家事國事天下事，事事關心。中國文化中的國和家不可分割地交織在一起，成為中國聖人英雄和文人墨客的理想典範：古聖人大禹治水，三過家門而不入。戰神霍去病北取祁連山，大呼匈奴未滅何以家為？民族英雄岳飛後背上的「精忠報國」四字是慈母所刻，陸放翁生命彌留之際留下「王師北定中原日，家祭無忘告乃翁」的遺願。

家國同構的觀念一直延續到今天，中國人理解的國家與西方理解的國家可謂大異其趣。

基於契約的利益共同體——現代西方所理解的國

就現代國家的概念來說，其屬性無非有三：領土（land），人口（nation）和政權（state）。Country 是作為一個複合統指的概念，nation 和 state 各有側重，然而這幾個詞都沒有家（home，family）的意思。學者普遍認為，現代國家的概念起源於希臘的城邦（city-state）。和中國的氏族社會不同，城邦的建立更多是基於相同地域，奴隸和外邦人社會商業交流活動的結果（詳見本書《「法治」的刀性和水性》一文）。西方哲人柏拉圖（Plato）在《理想國》對理想城邦的政治設計，談到讓護衛者階層不能有固定的家庭，子女由公家撫養，目的是讓城邦的上一代人以下一代的每個人為子女。

柏拉圖的理想和中國宗法文化基於血緣關係的結構截然不同。如果每個人都是下一代的父，按照儒家的說法就成為無父無君，沒有了倫常和規矩，何來穩定？希臘城邦自然也有規矩，這就是「法」。法規定國家生存必要之條件，規定國家與國民之間權利義務關係的是公法。當個人或家接受了這種與國的關係，就意味着你成為某國的國民。這種關係的本質也是一種契約。

美國是移民國家，入籍美國的儀式上是需要發誓的，是一種人與國的契約：「我宣誓：我完全徹底斷絕並徹底放棄對我迄今為止所隸屬或作為其公民的任何外國王子、當權者、國家或君主的效忠和忠誠；我將支持和捍衛美利堅合眾國憲法和法律，反對國內外一切敵人；我將信念堅

定，忠誠不渝；我將根據法律要求為美國拿起武器；我將根據法律要求在美國武裝部隊中執行非作戰服務；我將根據法律要求，在文職政府領導下從事對國家具有重要性的工作。我自願承擔這一義務，毫無保留，決不逃避。幫助我吧，上帝！」

你之前可能是日本人，但只要加入美國國籍後，就要放棄原來的歸屬與效忠對象，因此美軍的日本兵團就成立了，羅斯福在宣佈這個命令的時候講了一句膾炙人口的話：「美國精神不是，也永遠不是種族主義和血統論的溫床（Americanism is not, and never was, a matter of race or ancestry.）。」

下面列表比較中國傳統國家和西方的 country：

	中國傳統的國家	西方現代的 country
領土	抽象的天下	法律規定的疆域
組成單位	國、家、個人交織	利益團體和公民
國內關係	宗法血緣，家國同構	社會契約與法律
國際關係	有層次的分封	國與國之間平等

除 country 外，表達國的意思的英語還有 nation、state。整理多本的《英華字典》（見附錄）可見，country 一詞較為抽象，也是先定義為 nation 或 state，再進行對譯，1870 年前多翻譯為國、邦、邦國、國邦，1870 年後才把家加進來，對應為國家。

　　把 country 翻譯為國家的過程，自然少不了日本的貢獻。日本歷史上也存在一個戰國時代，小小的領土上至少有六十八國，各自分裂，各自為政。美國叩關後，有亡國滅種危險的日本發現，分裂的國是無法抵抗西方的。日本的傳統和中國類似，把家的概念加進去是有利於日本人對國家的感情和認可度，從而形成整體的國家意識，從而能團結求發展。甲午戰爭和日俄戰爭後，日本的國家觀念在國和家的意識形態達到空前一致，甚至成為國家主義。

　　當時，中國也開始想成為現代化國家。進程一開始，國和家是對立的，清末政府修律時就引發國家主義和家族主義的大討論，如「父為子隱，子為父隱」的舊律是否要修改等等。

　　最終中國沿用日本「國家」的譯詞。當面臨着更為嚴峻的生存問題時，抽象的天下是難以團結民眾的，八國聯軍入侵京城時就出現了不少圍觀的中國人甚至是帶路黨。中國人的現代國家意識在抗日戰爭時才算完成。在面對敵寇侵略的時候，每個人感受到家破人亡的切身之痛，也能體會到國的意義。「捨小家成大家、有國才有家」的觀念深入人心，民眾在此號召下也積極參軍，保家衛國。在此歷史背景下，國家有積極的意義，也在日常生活中成為統一的用法。

　　在和平年代，容易沿用過去「捨小家成大家」的思維模式：知識青年上山下鄉，這是「捨小家成大家」；三峽

大壩建設，原居民要離開故土，這是「捨小家成大家」；城市的拆遷，這也是「捨小家成大家」。久而久之，國家的合用混淆了國和家本來的義務權利關係。執政者容易以國犧牲民眾的小家，也容易將家事變成國事，這是重譯的必要。

建議離「家」出走

從感情上來說，似乎國和家不可分。家中有父母，我們也經常把祖國比喻為母親。這樣的話，移民換國籍的人是離「家」出走還是可以換個母親？

傳統中國基於血緣關係的宗法，家國同構是主流，但也有支流。和柏拉圖的理想類似，墨子提倡「兼愛」，主張愛無差別等級，不分厚薄親疏。墨子首先將國與家聯繫在一起，以顯示其與天下的區別。國家一詞在《墨子》全書中出現八十多次，如「古者王公大人為政國家者，皆欲國家之富……觀其中國家百姓人民之利」（《非命（上）》），「古者王公大人為政於國家者，情欲毀譽之審，賞罰之當，刑政之不過失，故當攻戰而不可為也……國家發政」（《非攻（中）》），「以為事乎國家」（《非樂（上）》），論述涉及到現代國家的政權、國民、國土、都城（政權中心）、通用語言文字、度量衡等等。

中國歷史上沒有土壤讓墨子的國家觀念生根。幾千年的王朝歷史，無非是幾個姓氏王朝的變遷史，可謂「中國人只知道有朝廷，不知道有國家」。從中國傳統文化中很

難找到完全對應的詞來翻譯現代國家概念，要儘量避免誤用和混淆，而應該關注有關國民的權利和義務的國的現代含義。從這個角度來看，國不需要有家的意味，也要切斷國家一詞混用的可能。

當代社會學家費孝通提供了一種社會學翻譯的範式，根據屬性不同翻譯為某某團體。國家民族的定義不清晰，可以直接翻譯為政治團體、言語團體、文化團體、體質團體等。這樣翻譯自然清晰，卻顯得有點冗長。建議國這個詞可以保留，抽象的 country 一詞可以對應翻譯為國邦、國度，側重人的 nation 可以對應翻譯為國民、國族，而側重政權的 state 可以對應翻譯為國政、政權。這些建議顛覆了中國人長期形成的對國家的認知，不容易被接受，提出來或許對概念的澄清有點幫助。

附錄：

近代辭典對國家相關名詞翻譯一覽

年份	辭典	Country	Nation	State
1822 年	馬禮遜《華英字典》	地方、邦、國、邦國	國、邦	國
1844 年	衛三畏《英華韻府曆階》	國、邦、地方、村落	國	
1847-1848 年	麥都思《英華字典》	邦國	國、邦、邦國、國家、邦家、域……	國、邦、域、國家、邑

年份	辭典	Country	Nation	State
1866-1869 年	羅存德《英華字典》	地、地方、土地、國、邦	民、國、邦、邦國	國、邦、國家
1872 年	盧公明《英華萃林韻府》	國、邦	國、邦、國家、邦國……	國家
1884 年	井上哲次郎《訂增英華字典》	國、邦、邦國	民、國、邦、邦國	國、邦、國家、邦國
1908 年	顏惠慶《英華大辭典》	國、地方、本地	民、國民、百姓、同胞、同種之民、同血族、同方言者	政府、國、國家、國、政府、立法部、英國、英政府、國事、國務大臣、官宦、吏、仕官、軍機大臣、國之議士
1913 年	商務印書館《英華新字典》	邦國、本鄉、村落、鄉人	族、國、國家、國民、多數	國家
1916 年	赫美玲《官話》	國	國民	國家

「解放」的邊界

黃山

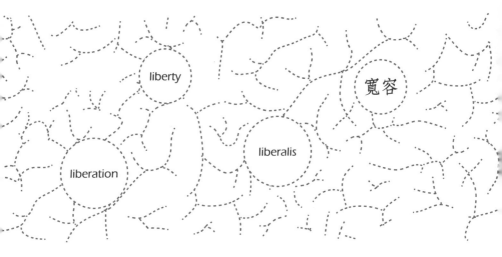

《動物莊園》（*Animal Farm*）這部政治寓言小說描寫豬領導其它動物成功反抗奴役牠們的人類，後來自己卻成為奴役者。豬解放了其他動物，並成為動物莊園的管理者，但動物夢想的解放後的平等社會並沒有到來。豬將之前的格言「所有動物一律平等」修改為：「所有動物一律平等，但有些動物比其他動物更平等！」這本英國作家喬治・奧威爾（George Orwell）的小說於 1945 年出版，後被翻譯成包括中文在內的二十多種文字，讓「解放」一詞的含義更為世人所關注、討論。

現代中國人對解放一詞的理解跟英語 liberation 的意涵差不多。Liberation 的動詞是 liberate，《牛津高階英漢雙解詞典》給出的定義為：「to free a country or a person from the control of somebody else」（解放）；「to free somebody from something that restricts their enjoyment of life」（使自由，使擺脫約束或限制）。

批判的武器——中國的理解

中國古代也能見到解放一詞，指解除束縛，得到自由或發展。如北魏時期賈思勰《齊民要術・安石榴》：「十月中，以蒲藁裹而纏之；二月初乃解放。」明代吳承恩的《西遊記》第十六回：「他卻一一從頭唱名搜檢，都要解放衣襟，分明點過，更無袈裟。」這裏，解放更多是生活用語，對象是物品（衣服），是解開、鬆開或釋放之意。

直到 20 世紀初，解放進入社會文化語境中，大量民國刊物開始關注婦女權利，「婦女解放」、「女子解放」字眼頻繁進入大眾視野，[1] 其後，解放和中國共產黨綁定在一起，成為批判的武器。從此，解放的對象更多是一個階級，甚至就是敵對的集團，與此同時中共則成為給人們帶來自由的解放者形象。

中文原意的解放是有度的，如同你穿的衣服、鞋子過緊，可以解開扣子、鞋帶放鬆一下，可這並不意味着你要扔掉。然而在政治語境中，可能是為了宣傳的需要，解放需要製造一面倒的敵我對立，不是東風壓倒西風，就是西

---

[1] 《社說：婦人解放問題：論著一（續第七期）》，作者震述 1907 年發表於刊物《天義》；《現代中國婦女解放運動的批判（續）》，作者長劍 1911 年發表於刊物《民力副刊》；1907 年至 1949 年期間，與婦女權利主題相關並在標題中使用「解放」字眼的刊物文章共有 28 篇。

風壓倒東風。如同在《動物莊園》中，豬一開始制定了各種主義和戒律，發現動物根本不理解或記不住，後來直接簡化為一句「四條腿好，兩條腿壞」。

解放一詞在宣傳中天然具有道德優勢。以 1945 年至 1949 年中國的第三次國內革命戰爭為例分析，共產黨把戰爭稱為解放戰爭，國民黨稱為動員戡亂，共產黨的軍隊至今仍叫做人民解放軍（People's Liberation Army of China），意思是為人民自由而作戰的部隊，是屬於人民的軍隊；國民黨的軍隊創設初期叫做國民革命軍（National Revolutionary Army），後改為中華民國國軍（Republic of China Armed Forces），即為國家的軍隊，氣勢差距一下子就出來了。共產黨佔領的地區叫做解放區（liberated area），國民黨佔領的地區稱為國統區，這也高下立見，解放區裏面自然充滿自由的空氣，誰願意去被人統治的區域呢？

解放猶如星星之火，可以燎原，如果沒有控制就會蔓延成為大火，一發不可收拾。解放後（1949 年建國後），國家要打倒無產階級人民的對立面，包括地、富、反、壞、右（即地主、富農、反革命份子、壞份子、右派份子）的「黑五類」及其子女。文革初期，在血統論觀念的影響下，黑五類子女在入團、入黨、畢業分配、招工、參軍、提幹、戀愛和婚姻等方面都受到歧視。直到改革開放以後，文革受到否定，黑五類這一政治用語才不再使用。原本期待有一個解放後的平等國家，然而這並沒有實現，有的只是「多

數人的暴政」，或者是多數人翻身成為「更為平等的一些人」。

中共領袖毛澤東 1937 年在《反對自由主義》一文中明確反對自由主義（見本書另一篇文章《「自由主義」辨》），後來改革開放的總設計師鄧小平在中共中央工作會議閉幕式上發表《解放思想，實事求是，團結一致向前看》的講話，「解放思想」一度成為舉國上下的主張。有意思的是，自由和解放對應的英文（liberty 與 liberation）詞源是一致的，在當代中文語境中，翻譯讓自由和解放有了褒貶意義的感情色彩區分，好比人們提倡解放卻不允許自己自由，提倡自由卻不能自我解放，這是一個悖論。

自由和解放如同硬幣的兩個面，明明是一體，卻註定永遠無法相見，無論如何都應該考察這兩個詞共同的英文出處。

平衡規則的重建——西方的理解

解放對應的 liberation 如上所述，liberation 與 liberty 同源。在《「自由主義」辨》一文中，作者分析過 liberty 的演變：「西方自由這個詞來自早期法語中的拉丁文 liberalis，意思是適合自由人／紳士，另一早期意思是慷慨。至十六七世紀，這個詞變得有點負面，意謂『在言行方面沒有制約』，但啟蒙運動時期（18 世紀後段），它又變得正面：免於偏見、包容、不頑固或狹隘。到 19 世紀，在神學方面，自由是與正統對立。」

放眼歷史長河，liberty 有褒義，如不受權威限制，也有貶義，如沒有制約。Liberty 和制約是相互平衡的，這裏面有一個尺度問題，就像一個鐘擺，擺針永遠向中間靠攏，所以在某時刻，鐘擺向左擺有向左擺的道理；在另外時刻，鐘擺向右擺有向右擺的道理。大部份人認為 liberty 的褒義，是因為沿用了文藝復興時期的理解。當時教權處於支配地位，人民的聲音太弱，所以當時談宗教解放是在人神兩元對立的基礎上，指人民從傳統宗教的束縛中解放出來。而今天談宗教自由，或許有可能是指人民要尊重傳統宗教，讓其還有保留原有習慣的可能。

Liberation 與平等、人權密不可分。歐洲啟蒙思想家盧梭（Jean-Jacques Rousseau）在《社會契約論》中開宗明義「人生而自由，而無不在枷鎖之中」。盧梭認為 liberation 指追求人之為人的權利（當然也是生而為人的權利），而非絕對的「無所待」的自由。絕對的自由是不存在的，否則就會影響他人和群體，他人就沒有自由了。而這個自由的界限，盧梭認為可以通過社會契約的方式約定，契約讓人們「無往而不在枷鎖之中」。

俄國詩人普希金（Alexander Pushkin）在《自由頌》裏歌頌了 liberation 的好，也不忘提到「只有當神聖的自由和強大的法理結合在一起」，才會有真正意味的 liberation 的存在。

文藝復興時期是人神對立的年代，人民是爭取人的

自由。現在的世界是更多元的年代，更多少數派群體也在爭取他們的解放，如婦女解放（women liberation）、種族解放（race liberation）和同性戀解放（gay & lesbian liberation）等等。這裏面同樣需要有法律規章，以保證少數派權利的實現，也需要法律制定少數派解放的邊界，將倫理問題轉變為法律問題。

有關婦女解放（含兩性平等），最低限度在宣示上，大多數國家的政府不會反對，但它需要法律規章去落實。其中還涉及其他一些問題，如婦女的平等背後其實隱藏種族、階級的不平等，如不解決這些不平等，婦女解放也未必得到實現。人們認同種族解放，也欣賞曼德拉（Nelson Mandela）在南非為黑人的解放所作出的抗爭。可新南非保障黑人權益法案下，大規模土改沒收白人土地，限制白人工作，這種政策是否有利於南非的社會經濟長期健康發展呢？這是否一個真正公平的政策呢？越來越多國家和地區認同同性戀，但是同性戀如何締結婚姻、領養小孩等，是值得討論和需要法律制定的問題。

下表是整理好的中國的解放和西方的 liberation 的異同：

	古漢語的解放	現代漢語的解放	西方的 liberation
解放的對象	物品	階級對象	從人神對立，到廣大的少數派群體（種族、性別、同性戀者等）

	古漢語的解放	現代漢語的解放	西方的 liberation
解放的界限	解開、鬆開、釋放，不是完全拋棄	敵我對立，不是東風壓倒西風，就是西風壓倒東風	通過社會契約或法律制定邊界
情感色彩	中立	正面：解放 反面：自由	中立，根據當時當地的「度」而定

這個對比是一個傳統意義上中西方的說法。有意思的是，今天的某些西方國家對於 liberation 的理解反而是解放鬥爭的思維。他們喜歡充當解放者去干涉他國內政，這究竟是拯救當地人民的自由，還是要推翻其他擁有不同政見的政府？他們是拯救者還是奴役者？見仁見智。

對同胞的寬容

對於 liberation，羅存德版（1866 年 -1869 年）、井上哲次郎版（1884 年）、顏惠慶版（1908 年）和商務印書館版（1913 年）四本英華字典一致地翻譯為釋放。釋放一詞顯然沒有政治語境的意味。

於 1903 年，中國近代翻譯家嚴復將英國思想家約翰・密爾（John Mill）的名著 On Liberty 譯成中文，翻譯為《群己權界論》（現在一般翻譯為《論自由》）。嚴復顯然沒有把 liberty 理解為為所欲為的自由，社會和個人都有自己的權，但他們的權又都有其界限。每個人都有權行使自己的自由，其界限是不得侵犯他人的自由。如果妨礙別人的

自由，社會有權制裁他。但其制裁的目的是保護別人的自由，不能超過這個目的，社會的權不能超過這個界限。嚴復同時將 liberty 翻譯為自繇。繇有兩個讀音，一唸 yóu，同由，又唸 yáo，同徭，徭役之意。嚴復的自繇既有現在自由之意，同時還有約束之意，意思上和 liberty 吻合。不幸的是，或者是因為自繇太生僻，又或者當初中國的鐘擺更需要自由或解放，這個翻譯沒有沿用下來。

歷史的鐘擺在不停地搖擺，中國和世界更為多元。中國共產黨也重視少數派，提倡聽聽「無知少女」（無黨派人士、知識份子、少數民族和婦女）的意見，敵我鬥爭已不是主流，liberation 也需要重新翻譯。

北宋思想家張載所作的訓辭《西銘》中有「故天地之塞，吾其體；天地之帥，吾其性。民吾同胞，物吾與也」，意思是人民都是我的兄弟姊妹，萬物與我都是天地所生；仁者愛人類，同時也愛自然萬物。這或許對重譯 liberation 有啟發。Liberation 可以嘗試翻譯為寬容。依據「民胞物與」的思路，人們在談婦女解放、種族解放和同性戀解放時，其實是在談婦女同胞、種族同胞和同性戀同胞。他們是他們，他們也是我們。Liberation 翻譯為寬容的意義在於它可以提醒人們，儘管人與人之間有性別的不同，有種族的不同，有性取向的不同，但是本質上都是人類的一份子。正因為如此，人們才願意給予對方合理的 liberation，也希望對方能給自己相應的 liberation。

人類不需要解放者的鬥爭，人類更需要推己及人的談話溝通和制定契約後的共同遵守，這是 liberation 存在的初衷和理由。

如何說「共產主義」這個故事

鄭偉鳴

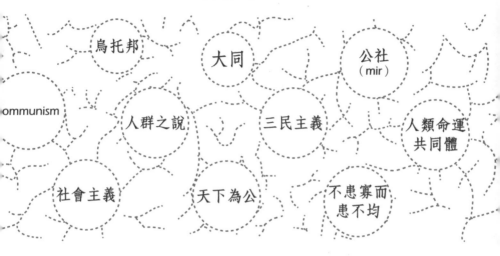

在上個世紀，全球流行過三種思想：法西斯主義、共產主義、自由主義。以色列歷史學家哈拉瑞（Yuval Harari）說，這是來自紐約、倫敦、柏林和莫斯科的精英編造的三大故事，並號稱能夠解釋人類過去，以及預測全球未來。但他指出，經第二次世界大戰，法西斯主義故事被打倒；從 1940 年代末到 1980 年代末，剩下共產主義與自由主義在競爭。等到共產主義故事崩潰，自由主義故事繼續成為人類瞭解過去的主要指南、未來的使用手冊。[1]

上述故事的背景是：第二次世界大戰於 1945 年結束，軸心國戰敗，它們標榜的法西斯主義為世人唾棄；1980 年代末開始東歐與蘇聯的共產黨執政瓦解，中國也向資本市場靠攏；自此到 2008 年全球金融危機爆發，自

[1] 哈拉瑞，林俊宏譯：《21 世紀的 21 堂課》第 16 頁。台北：遠見天下文化，2018 年 8 月。

由主義獨領風騷。美國日裔教授法蘭西斯 · 福山（Francis Fukuyama）在 1992 年出版的《歷史的終結及最後之人》書中認為，人類歷史的前進與意識形態之間的鬥爭正走向「終結」，隨着冷戰的結束，自由民主制度和資本主義被定於一尊。但證諸 21 世紀的第二個十年的全球發展，如哈拉瑞所說，越來越多人對自由主義這理想感到幻滅，沒有出垷福山所預言的歷史的終結。

與之對比，全球最大的由共產黨執政的國家──中國──在不久將來會取代自由民主主義的美國，成為全球最大的經濟體；而在全世界範圍，從英國到美國，社會主義思潮在復蘇。據馬克思理論，社會主義是共產主義的初級階段；中共在黨綱中表明，它最高理想和最終目標是實現共產主義，但只有在社會主義社會充分發展和高度發達的基礎上才能實現。作為一種經濟發展模式與管治模式，中國對資本主義和自由民主主義的國家，構成挑戰與競爭。

全球的故事仍未說完，或許，共產主義死而復生是這個世紀最引人入勝的故事之一。對 2021 年將慶祝成立 100 年的中共，不久之前甚至現在仍然有許多人不看好，理由之一是它服膺的主義不符合中國文化傳統、基因。過去，中國吸收了印度的佛教文化，最終使它成為自己的三大主流文化之一。共產主義傳入中國至今只約一百年光景，斷定它將會如何，會否能像佛教一樣融入中國文化的肌理，仍言之尚早。

共產主義一詞產生的歷史背景及演變過程

　　共產主義是個外來詞，源於西方，經過日本人的漢語翻譯，傳入中國而被採用，當今更成為官方的意識形態。這過程涉及一個概念從一種語言進入另一種語言時，它在源語言的意義、在目標語言的文化環境中有否被（再）創造的問題。而概念之能夠在新環境中生根必然有被需要與契合其文化之處。探討共產主義這詞與中國固有文化契合及歧異的地方，應該對中國以至世界發展有參考價值。

　　先談 communism 一詞在源語言的產生。據《大英百科全書》，這詞源自拉丁文 communis，意謂分享或共有，於 1840 年代出現。但早在公元前 4 世紀，希臘已產生類似共產主義社會的理念。柏拉圖（Plato）在他《共和國》一書中已描繪了一個這樣的理想國圖像：統治的守護者階級致力於服務全社群的利益。他認為擁有私有物品只會令人變得自私而腐敗墮落，守護者應該生活在一個大家庭，共同擁有物品，以至配偶與小孩。早期的共產主義理想與宗教扯上關係。最初的基督教徒實行簡單形式的共產主義，如（《使徒行傳》4：32-37）所舉述的，他們把自己的財產分享給有需要的人，以示團結和放棄世俗財物。後來的修道院的僧侶發誓安貧樂道，把自己世俗的財物分享與其他僧侶及窮人。

　　近世的西方具人文胸懷的思想家在他們的作品中繼續描繪這樣的理想社會，如英國人湯馬斯 · 摩爾（Thomas

More）在 1516 年出版的《烏托邦》書中虛構出來的國度，取消了金錢，人們分享食物、房屋以及其他貨品。意大利人托馬索・康帕內拉（Tommaso Campanella）於 1623 年在《太陽城》書中講述在太陽城裏沒有私有財產，沒有剝削，人人勞動，生產和消費由被稱為「形而上學者」、「威力」、「智慧」和「愛」的四位領導人所管理，有機構統一組織安排，產品按公民需要分配，兒童由國家撫養和教育，教育與生產相聯繫。這本書啟發了後代把共產主義理念付諸行動。

現今中文共產主義一詞以及相關的社會主義，皆取自日文；日本法學家加藤弘之於 1870 年在《真政大意》中已提及，是用日文片假名音譯西方 communism 與 socialism。加藤弘之認為，這兩派經濟學抑制競爭，造成人民懶惰與國家困窮。之後，日文中先後出現過共同黨、貧富平均黨、通有黨、共產論等譯詞，到 1881 年後才出現共產主義、共產黨的譯詞。但在日本人井上哲次郎增訂、於 1883 年出版的《訂增英華字典》（*An English and Chinese Dictionary*）中，communism 翻譯成大公之道、通用百物之道、均用百物之道，沒有共產主義之譯詞。

《共產黨宣言》日文版由學者幸德秋水於 1906 年據英文版所譯，中國語言學家陳望道則於 1920 年由日文將之譯成中文。社會主義是由新聞記者福地源一郎於 1878 年 6 月首次意譯。康有為、梁啟超從 1901 年至 1902 年譯為人群之說，梁啟超從 1902 年 9 月在《新民叢報》才首

次引入日文社會主義一詞。

　　為甚麼中共建黨之初就選用「共產」這個翻譯，並一直使用至今？筆者手頭上沒有資料提供確切解釋，故推測一個可能的原因是共產主義一詞當時已經頗為流行，故被採用。在 1915 年由上海商務印書館出版的《英華日用字典》（*A Modern Dictionary of the English — Translated into Chinese*），已經將 communism 與 socialism 翻譯為共產主義與社會主義（英文解釋為：a system of society, in which individual ownership would be abolished, and all capital and means of production would become the property of the State）。另外，「共產」這詞可能最可以標示出它在源語言的意涵：財產共有。這意涵為甚麼重要，得從共產主義傳入中國的時代背景說起。

中國的共產主義與大同理想的比對

　　中共創始人之一的毛澤東在 1949 年中華人民共和國成立前夕發表的《論人民民主專政》中寫道：「十月革命一聲炮響，給我們送來了馬克思列寧主義。」他指出，自 1840 年在鴉片戰爭中被打敗，中國便向西方的資本主義國家學習，但先生老是侵略學生，而俄國 1917 年的十月革命幫助了中國的先進份子，用無產階級的宇宙觀作為觀察國家命運的工具，重新考慮自己的問題。這個背景說明，以私有制為基礎的資本主義侵略、壓迫中國，中國用以公有制為基礎的共產主義武裝自己奮起反抗，所以「共產」這個概念自然被接受。

　　毛澤東在《論人民民主專政》中還把共產主義與中國的大同理想連結起來。他說，在中國資產階級的民主主義讓位給無產階級領導的人民民主主義，資產階級共和國讓位給人民共和國，並造成一種可能性：經過人民共和國到達社會主義和共產主義，到達階級的消滅和世界的大同。他認為康有為雖然寫了《大同書》，但沒有也不可能找到一條到達大同的路，而唯一的路是經過無產階級領導的人民共和國，到達階級的消滅和世界的大同。在這裏，毛澤東有點把從西方傳入的共產主義等同中國固有的大同理想，這無疑有助於中國人接受以建立共產主義社會為終極理想的馬列主義，也為共產主義注入了中國文化元素，進而增加了中共執政的認受性。

　　康有為的《大同書》部份以《禮記‧禮運》的大同思想作為理論依據，構建一個「無邦國、無帝王、人人平等、天下為公」的大同社會：一去國界，消滅國家；二去級界，消滅等級；三去種界，同化人種；四去形界，解放婦女；五去家界，消滅家庭；六去產界，消滅私有制；七去亂界，取消各級行政區劃，按經緯度分度自治，全球設大同公政府；八去類界，眾生平等；九去苦界，臻於極樂。《大同書》的理想不可謂不高遠，但其中有一些極端與荒誕的建議，如在人種上把黑人改造成白人。1950 年代中共中央編譯局編輯空想社會主義的書籍時，包括了《大同書》。

　　至於《禮記‧禮運大同篇》的大同思想是否接近共產主義？它主要描述理想的社會狀態：人不獨親其親，不

獨子其子，使老有所終，壯有所用，幼有所長，矜鰥寡孤獨廢疾者，皆有所養，男有分，女有歸；貨惡其棄於地也，不必藏於己，力惡其不出於身也，不必為己。這裏談到社會勞動而不是「為己」，勞動成果共用，是有點共產主義的「各盡所能，各取所需」的味道。大同思想的目標是和諧社會，以儒家「推己及人」仁人態度達成，共產主義的目標是消滅階級壓迫，但以階級鬥爭手段達成，在方法上兩者大不相同。

《禮運大同篇》的「天下為公」的理想社會，較接近原始共產主義的狀態。恩格斯（Friedrich Engels）在《共產主義原理》中說：共產主義社會是古代氏族社會自由平等博愛精神在更高物質基礎上的回歸。氏族社會生產工具落後，社會生產力極低，成員只能共同合作，按照每個人的最低生存需要進行分配。在大道（天下為公）實行的上古時代的井田制（春秋時期之前仍流行），據國學家錢穆說，是一種均等授田制。[2] 它或保留了氏族社會的原始共產主義的殘餘。

井田制被耕者有其田的私田制取代，產生了小農經濟。儘管如此，農民階級中仍產生過大同思想，它曾體現在組織農民起義的宗教團體的某些生活制度中。如東漢末期張魯的五斗米道據有漢中後，廢除官吏，設「祭酒」分管部眾，各祭酒的轄區設義舍，放置義米、義肉，供行人無償取用。農民類型和道家類型的大同理想在太平天國的

[2] 錢穆：《中國文化史導論》第 49 頁。台北：正中書局，1968 年 3 月。

《天朝田畝制度》有所表現，太平天國領袖洪秀全主張建立遠古「天下為公」的盛世。

在近現代，出現了康有為在《大同書》中的大同社會設想，以及孫中山的大同理想：土地國有，大企業國營，生產力高度發展，民眾生活普遍改善；國家舉辦教育、文化、醫療保健等公共福利事業，供公民享用等。兩人的主張一方面繼承了中國自家的大同理想，另方面吸收了外來的思潮，包括西方的社會主義，並超越了之前的農民類型大同理想。孫中山在1924年有關三民主義的演講中說：「民生主義就是社會主義，又名共產主義，即是大同主義。」中共指孫中山為資產階級革命派的代表，要把他的大同理想在資產階級民主革命階段付諸實施，但中共認為，真正的大同社會只能在其代表的無產階級的領導下，通過社會主義進而共產主義，才能達成。

除了大同思想外，出自孔子的「不患寡而患不均」的說法，也可能是標榜解決平等為重要目標的共產主義得到中國人接納的一個原因。這裏「寡」與「不均」被廣泛從財富角度解釋，當作一種經濟平均思想。平均主義後來成為社會主義經濟發展的一大障礙，近年在中國已不再被推行。而平等這個理念，沒有人會反對，但如何達致平等則有許多不同的意見。多數人重視機會平等，不太贊同分配性平等。

如上文提及的，在古代，中國以外的其他地方也出現

過原始共產主義思想，以至實踐。在第一個建立社會主義國家的俄羅斯，歷史上曾長期實行農村的公社（mir）制度，由集體擁有土地。馬克思甚至認為它可以演變為共產主義的公有制。可以說，不少國家都有它們的原始共產主義的理想，有自己這方面的文化資源。

畢竟，固有的大同理想沒有給鴉片戰爭之後遇上「千年未有之變局」的中國志士仁人，提供一個有效的思想工具，以扭轉國家民族的命運；而他們其中部份人認為，他們向外討教過的東西，有的不管用，有的還給用來欺負自己，最後求來馬克思的共產主義。順着思路，接下來的問題是：中國的共產黨人是依從馬克思的共產主義，才能成功嗎？馬克思學說認為，共產主義在資本主義發達國家的無產階級發起的革命會率先取得成功。在經濟落後的中國，缺少無產階級，又如何取得成功？在這方面，俄國革命提供了先例以及發展了馬克思主義。不信邪的毛澤東，並沒有跟隨教條，而是主要依靠農民，最終取得中國革命的勝利。

共產主義這個故事仍在發展中，故事當今的主要講者的中國人如何說它，在一定程度上視乎如何使用這個外來概念。馬克思說過，他自己不是馬克思主義者。他的意思是他的學說給別人作了不同的演繹，或者他的學說也會發展。中國既然已提倡新時代中國特色社會主義思想，對共產主義應有進一步的演繹。現任黨總書記與國家主席的習近平在推行人類命運共同體概念，或許，大家多講大同主義，少講共產主義，如何？

「封建」制度與社會
——兼論宗法

鄭偉鳴

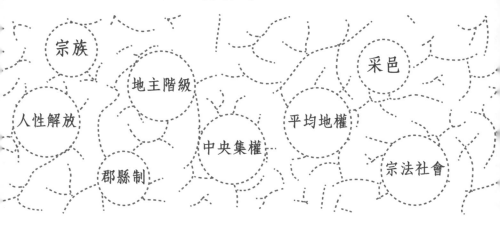

　　《激流三部曲》的《家》、《春》、《秋》（作者巴金），以成都為背景，描寫了1919年至1924年中國歷史處在轉折時期這一風起雲湧的動蕩時代中，封建大家庭高家四代人的生活。小說記述了一個封建大家庭走向分化與衰落，以及青年一代衝破封建宗法束縛，走向新生活的過程，描繪出封建宗法制度的崩潰和革命潮流在青年一代中掀起的改變舊生活的偉大力量。《激流三部曲》是巴金呼籲自由、民主、尊重人格、人性解放的最鮮明的一面旗幟，在中國現代文學史上佔據着重要的地位並起着巨大的作用。

　　以上是中國網上搜索平台「百度百科」對《家》、《春》、《秋》小說的簡介，其中的關鍵詞是「封建」。據這個介紹，封建與宗法制度有關，封建宗法制度是自由、

民主、尊重人格、人性解放的對立面。小說講述的時代背景乃 1911 年辛亥革命推翻清王朝後的一個家族的變故。現代中國一般說清朝是中國最後的一個封建王朝。「百度百科」說，封建王朝是指實行封建主義制度的王朝，秦滅六國後的王朝都是封建王朝。但稍有歷史知識的人都知道，秦始皇統一天下後結束了周朝初期盛行的封建制，而採用中央集權的郡縣制，自此王朝直至滿清實行的主要是郡縣制。這樣，哪裏還有封建王朝？為甚麼《家》、《春》、《秋》還在反對封建？難道此封建不同於彼封建？

家國同構——中國傳統理解的制度

在中國，封建這個詞自古有之，最早見《左傳·僖公二十四年》引用春秋時期的富辰的「封建親戚，以藩屏周」。據《漢字源流字典》（華夏出版社），「封」乃象形兼會意字，甲骨文像用手將一棵樹植於土堆之上形，表示在這裏推土植樹為界，引申泛指疆界、田界，後再引申為「帝王以土地、爵位、名號賜人」。《說文解字》：「建，立朝律也。」封建即封土建國。為甚麼會產生這樣的制度呢？這就得從前面提及的宗法制度說起。上古宗法制度的基礎是宗族，即這個制度是圍繞宗族形成的。族在甲骨文中從旗，從二矢，像旗下聚眾矢狀；會意同一家族或氏族是個戰鬥單位，故一指是宗族或家族。在部落戰爭中，勝利的一方的成員整體成為統治者，失敗的一方的成員整體成為被統治者，統治者的血緣群體自然成為國家機器，且形成宗君合一的宗法國家。宗主（一族之長）與君主（一

國之王）同為一人，也即所謂「家國同構」。當國家要管理失敗部落的地方或後來開闢的疆土時，統治血族成員便被派往成為當地的控制者，並保衛宗族的國家。

在歷史上，封建制度起過積極功用，梁啟超認為最大的是：分化與同化。分化就是「將同一精神及組織，分佈於各地，是各因其環境以儘量的自由發展……周初施行此制之後，經數百年之蓄積滋長，是我族文化，乃從各地方為多元的平均發展」。同化則是「將許多異質的低度文化，醇化於一高度總體之中，以形成大民族意識」。[1] 錢穆認為周的封建除分封同姓姻親外，也讓之前夏殷兩朝以至古代有名各部族的後代，獲得新封地或保留舊疆土。前者是空間的展拓，後者屬時間的延續。此後中國文化的團結力，完全栽根在家族與歷史的兩大系統上。[2]

封建制度與社會概念的提出及爭論

對封建制度的理解，其後它為郡縣制所取代的事實，歷來的史學家沒有甚麼爭議。但到了現代，中國史學界卻出現秦以後的王朝都是封建主義的說法。在《漢語大詞典》（2003 年版）中，封建制度另有一番解釋：「以封建地主階級佔有土地，剝削農民（或農奴）剩餘勞動為基礎的社會制度。其基本剝削形式是封建地租，農民（或農奴）耕種封建地主的土地，絕大部份產品作為地租被封建地主剝

---

[1] 梁啟超：《梁啟超論先秦政治思想史》第 50 頁。北京：商務印書館，2012 年。

[2] 錢穆：《中國文化史導論》第 25 頁。台北：正中書局，1968 年 3 月。

奪。上層建築主要是以等級制為特點的封建制國家。佔統
治地位的意識形態是以維護封建剝削制度和封建等級制，
宣揚封建道德為主要內容。在封建制度下，社會基本的對
立階級是地主階級和農民（或農奴）階級。農民（或農奴）
生活貧困，無政治權利，他們與地主階級之間的階級矛盾
和階級鬥爭十分尖銳。一般認為中國於春秋戰國之交進入
封建社會。」這樣的解釋建基於馬克思的歷史唯物主義的
分析，是當今中國大陸對封建社會的主流／官方的看法。

或許這裏要解釋一下歷史唯物主義。它指人類歷史發
展有其客觀規律性，最基本的規律就是生產力決定生產關
係，生產關係對生產力有反作用（可能促進或阻礙）；伴
隨生產力的發展，人類歷史歷經原始社會、奴隸社會、封
建社會、資本主義社會、社會主義社會，走向共產主義社
會。

在中國，最先提出封建社會這概念的人卻是國民黨理
論家陶希聖。[3] 他在 1929 年出版的《中國社會之史的分析》
一書問道：「中國的革命，到今日反成了不可解的謎了。
革命的基礎是全民還是農工和小市民？革命的對象是帝國
主義和封建勢力，還是幾個列強和幾個軍閥？」他認為要
研究中國社會的狀況和性質，其中有兩個中心問題：中國
當時是封建抑或資本主義社會？帝國主義勢力的侵入是否
使中國社會變質，變質又達到甚麼程度？他指出封建制度

[3] 何懷宏：《「封建社會」概念的由來》，刊載於香港《二十一世紀雙月刊》第 74 頁，1995 年 6 月號。

有兩個特徵：封建制度建立在土地制度之上，它的基礎在農村；在封建制度下面，土地的領主和掌握治權是封建貴族。在歷史分期上，陶希聖主張封建制度在春秋時已經崩壞，統治的是地主官僚政府。他把戰國以後的中國社會稱為「前資本主義社會」或「先資本主義社會」。

北京大學出身的陶希聖的歷史發展分類隱然包含歷史唯物主義的觀點，而當時的馬克思主義學者則直接稱戰國至清朝的中國社會為封建社會，其中郭沫若在理論上做了個翻轉。他在 1930 年出版的《中國古代社會研究》書中強調人類社會發展的普遍性，並認為在周室東遷後中國社會才從奴隸制逐漸轉入「真正的封建制」，而由秦始皇完成了中國社會史上的封建制，秦跟以前不同的只是封建諸侯的世襲與郡縣官吏的不世襲。隨後的幾年，左右派學者就封建社會這問題進行了論戰，卻大致在馬克思主義的話語系統內進行。

但決定後來影響中國幾代人歷史思維模式的封建社會概念是中共領袖毛澤東解說的。他在 1925 年寫成的《中國社會各階級的分析》，論及各階層對革命的態度並提及封建地主。在 1927 年的《湖南農民考察報告》，他指出「宗法封建性的土豪劣紳，不法地主階級，是幾千年專制政治的基礎，帝國主義、軍閥、貪官污吏的牆腳」，而封建的政權、族權、神權、夫權，「代表了全部封建宗法的思想和制度，是束縛中國人民特別是農民的四條極大的繩索」。

但兩篇文章仍未提出封建社會的說法。他在 1939 年寫成的《中國革命與中國共產黨》則明確提出封建社會的概念，並認為自周秦以來中國三千多年的社會是封建社會，其特點包括：自足自給的自然經濟佔主要地位；封建的統治階級——地主、貴族以至皇帝——擁有最大部份的土地；地主、貴族和皇室依靠剝削農民的地租過活，而且地主階級的國家又強迫農民繳納貢稅並強迫農民從事無償的勞役。該文並說，如果說周是諸侯割據稱雄的封建國家，那麼自秦始皇統一中國以後，就建立了專制主義的中央集權的封建國家，同時，在某種程度上仍舊保留着封建割據的狀態，但鴉片戰爭以後，帝國主義與中國封建殘餘相結合，把中國變為半殖民地與殖民地，中國逐步地變成了一個半殖民地半封建的社會。可以說，毛澤東對封建制度和封建制為郡縣制所取代的實事，以生產關係與權力集中程度的角度，作了個自圓其說的解釋。由於毛澤東的權威地位以及中共建國後官方的採用，這個封建社會的解釋成為至今中國大陸對此問題的主流看法。

上世紀 20 與 30 年代，中國的政治理論家、學者對封建這概念作探討，要解決的其實是中國當時發展前途，亦即革命性質與對象問題。20 年代初，國民黨與共產黨第一次合作北伐——解決辛亥革命遺留下來的軍閥割據等問題——但兩黨不久分裂；到 30 年代中，在日本侵略日益嚴重、國家民族生死存亡之際，國共第二次合作，一起抗日。這歷史關鍵時刻，馬克思主義，特別其歷史唯物的分析方法，提供了強大的理論工具，讓中國的志士仁人找到

前進的方向。當然，國共對封建社會的相關問題，尤其如何對待處於統治位置的地主階級，有不同的看法與處理方針。國民黨不認階級，反對鬥爭，主張「平均地權」；共產黨團結貧下中農，鬥爭大地主，瓜分他們的土地。兩黨對相關的列強（帝國主義）的侵略的應對則有較接近的立場。

中國的理論家與學者如何把封建制度這古老的詞彙與西方以及馬克思主義的封建社會的概念銜接，並賦予新的內容，是個古為今用、中西結合的顯著例子。於 1883 年出版、日本人井上哲次郎增訂的《訂增英華字典》（*An English and Chinese Dictionary*），feudalism 翻譯為食業之事、食邑之事與食國之事。在 1915 年由上海商務印書館出版的《英華日用字典》（*A Modern Dictionary of the English — Translated into Chinese*），feudalism 翻譯為封建主義，英文解釋為：The system in the Middle Ages under which fiefs were held by vassals on condition of military or other service。這跟當代英語對這個詞普遍的定義差不多，《牛津高階英漢雙語詞典》關於 feudalism 的解釋是：The social system that existed during the Middle Ages in Europe in which people were given land and protection by a nobleman, and had to work and fight for him in return。中國第一部正式以「外來語」命名的詞典《外來語詞典》（1936 年上海天馬書店出版）將 feudal 翻譯為封建的，含有中世紀的、隸屬的、傳統的、割據的、世襲的、反現代的各種意思。

對傳統的宗教制度應有客觀的評價及重視

以上引用的詞典對 feudalism 的定義跟中國傳統上對封建制度的理解接近，故早期中西兩詞的翻譯銜接上沒有多大問題。到後來理論家與學者從馬克思的歷史唯物主義獲得啟示，主要從生產關係角度看待中國的社會發展，從而得出中國長期處於封建社會的結論。對這樣的研究進路以及因而達成的結論一直有人予以質疑。在很早期，如法國歷史學家 Louis Chantereau Le Febvre（1588–1658 年）就認為把許多不同種類的采邑簡化成一種並不明智，當今不少歷史學家也持這個觀點。中國學者劉廣明認為，「將中國傳統社會納入西方封建社會的範疇，則是我國理論界的長期誤判」。他主張「就學術方法而言，中國傳統社會發展階段的分期應從中國歷史本身去尋找依據和方法」。他提出，中國傳統社會的本質是宗法社會。[4]

宗法社會採用的宗法制度是由氏族社會父系家長制度演變而來的，是王族、貴族按血緣關係分配國家權力，以便建立世襲統治。宗法制度與後來出現的封建制度是結合在一起的。天子（王）按嫡長繼承制世代相傳，天子是「大宗」，其他不能繼承王位的庶子、次子也是王族，分封為諸侯，他們是從屬「大宗」的「小」。這些諸侯也是按嫡長繼承的原則世代相傳，非嫡長子則由諸侯分封為卿大夫。諸侯對於這些卿大夫來說，又是「大宗」，依次類推。大夫以下又有士，士是貴族階級的最底層，不再分封。在這

---

[4] 劉廣明：《宗法中國——中國宗法社會形態的定型、完型和發展動力》第 1 頁。南京：南京大學出版社，2011 年 8 月。

樣的情形下，在全國範圍內形成了以天子為中心的宗法系統，見下表：

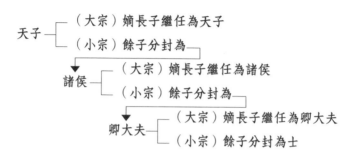

照劉廣明這一派的思路，宗法制度雖然與封建制度結合，卻有其獨立性，且在全國形成一個多層次的宗法家族形態。相對於王族與貴族家族，庶民家族沒有政治性功能，但仍然奉行一般的宗法制度。在小農經濟中，庶民家族是個生產、社稷的基層單位。在宗法制度中，祖先崇拜扮演重要角色，故宗廟祭祀甚為重要。在宋朝以前，只有王族與貴族能設宗廟，之後朝廷容許與鼓勵，庶民開始建宗祠、修家譜、制族規、置族田、立族長，這反過來又促進了宗法社會的發展。在農村，族權成為僅次於政權的權力體系，而宗族也發揮了推動地方經濟、文教與救濟等功能。

說回前面講到的《家》、《春》、《秋》抨擊的封建宗法，從歷史淵源來看，把宗法與封建綁在一起論說是可以的，但同時亦要看到宗法自身的生命力與正面價值，因而有需要把它與封建分開對待。現世代，封建的經濟基礎已經沒有，所以這個制度已是過去式。但宗法，最少在象徵性方面（如各地重修的祠堂）與精神作用（如家族企業

的興盛）仍然存在。畢竟，人類作為一種生物，對同一血緣的自然較為親近，而中華文化對忠孝等理念的悠久宣揚，也加強國人對宗族的向心。所以，我們對宗法應還它一個適當的評價與重視。

「進化」抑或天演

周偉馳

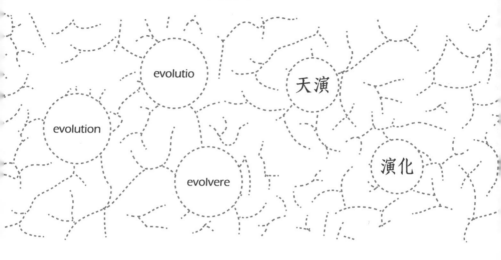

「物競天擇,適者生存」這句話對許多中國人來說並不陌生。它出自清末著名翻譯家嚴復翻譯英國生物學家赫胥黎(Thomas Huxley)的《天演論》一書,講的是進化這概念,但嚴復將之翻譯為天演。

進化或天演翻譯自英文 evolution,該詞源於拉丁詞 evolutio、evolvere,就是展開的意思,如把一卷書或一幅畫展開。19世紀中葉後,隨着達爾文(Charles Darwin)《物種起源》的發表(1859年),這個詞跟達爾文學說緊密聯繫起來。

《漢語大詞典》的進化條目給出的定義為「謂事物由簡單到複雜、由低級到高級而逐漸變化」,引用最早的例

子為嚴復《〈社會通詮〉序》：「夫天下之群眾矣，夷考進化之階級，莫不始於圖騰，繼以宗法，而成於國家。」

晚清新教傳教士進入中國時，達爾文學說尚未產生，或者尚未廣泛傳播，所以當時的詞典編纂者是從傳統的含義來翻譯這個詞的。1866 年羅存德（Wilhelm Lobscheid）《英華字典》將 evolution 譯為展開，1884 年日本哲學家井上哲次郎《訂增英華字典》也同樣譯為展開。到了 1908 年顏惠慶《英華大辭典》時，用了一系列詞語來對譯 evolution，計有展開、放發、開發、發展、發達、化成、變化，以及變遷、遞變、化醇、進化、遝現、物種天演等。1911 年衛禮賢（Richard Wilhelm）《德英華文科學字典》將 evolution 譯為化醇、進化、天演。1913 年商務印書館《英華新字典》將 evolution 譯為發達、展開等。1916 年赫美玲《官話》字典將 evolution 譯為天演、進化等。可見，大致在 20 世紀初年，evolution 這個詞已經逐漸固定譯為進化、天演。

將進化概念譯為天演──嚴復與《天演論》

在近代中國，進化這個中文詞是誰先用的呢？有的學者利用近代文獻資料庫檢索，認為是康有為首先用到這個詞的。康有為在 1879 年的一首詩裏寫到：「世界開新逢進化，賢師受道愧傳薪。」不過，考慮到康有為常常在後來塗改他早期的著作，他是否在那年確實用了進化兩字，值得謹慎存疑。用這個詞的，此後就是嚴復在 1895 年所寫的句子：「若徒取散見錯出，引而未申者言之，則埃及、

印度，降以至於墨、非二洲之民，皆能舉一二所聞，以與格致家爭前識，豈待進化若中國而後能哉！」[1] 1896 年，嚴復翻譯《天演論》時，用到了進化一詞。不過，很難說他是在用進化一詞來對譯 evolution。他在譯《天演論》導言五《互爭》時自己加了一個按語，他說：「由是而推之，凡人生保身保種，合群進化之事，凡所當為，皆有其自然者，為之陰驅而潛率，其事彌重，其情彌殷。設棄此自然之機，而易之以學問理解，使知然後為之，則日用常行，已極紛紜繁賾，雖有聖者，不能一日行也。」《天演論》下卷「論十七」的標題即為「進化」，但這個標題在英文原文中沒有，是嚴復自己加上去的。雖然嚴復自己用進化一詞時亦含 evolution 之義，但可能更接近於進步。[2]

那麼，在翻譯 evolution 時，嚴復用甚麼來對譯呢？他用的是天演。他不用進化，是因為赫胥黎在書中明明白白說過，evolution 這個詞，大眾一般用來指進步，指從相對單一的狀態逐步變化到相對複雜的狀態，但這個詞也包含了退化的現象，即從複雜退步到簡單。[3] 對此嚴復是很清楚的，因此，他用了一個中性的詞天演，即演化之義，可以將進化和退化這兩種情況都包括在內。

天演是甚麼意思呢？嚴復的譯文說：「以天演為體，而其用有二：曰物競，曰天擇。」「物競者，物爭自存也，

[1] 金觀濤、劉青峰：《觀念史研究：中國現代重要政治術語的形成》第 597 頁，法律出版社，2009 年。

[2] 嚴復譯：《天演論》第 73 頁、第 205 頁，上海世界圖書出版公司，2013 年。

[3] 嚴復譯：《天演論》，同上，第 18 頁（此頁為英文原文）。

以一物以與物物爭，或存或亡，而其效則歸之於天擇。天擇者，物爭焉而獨存，則其存也，必有其所以存，必其所得於天之分，自致一己之能，與其所遭值之時與地，及凡周身以外之物力，有其相謀相劑者焉。夫而後獨免於亡，而足以自立也。」「斯賓塞爾曰：『天擇者，存其最宜者也。』」[4] 上述文字大意是說，各個物種在長期演變的過程中，性狀發生了變異，一些個體和種群身上發生的變異適合於環境，因此保存下來。而另一些變異則不適合於環境，因此被淘汰。個體與個體、種群與種群之間客觀上存在着生存競爭或鬥爭，此謂「物競」。而環境的變遷使最適合於變遷的物種和個體保存了下來，繁衍後代，不適應者則被滅絕或變少。達爾文理論問世後，各個學科的科學家對其加以豐富（如古生物學家、地質學家等），尤其 20 世紀 60 年代以來，隨着遺傳學的進展，進化論在基因層面上獲得了更加豐富的發展，如基因突變、基因重組、基因遷移等概念，就成了今天的進化論不能缺少的關鍵詞。這是當年達爾文提出其理論時沒有想到的。

引起巨大爭議的進化論與社會達爾文主義

達爾文提出的進化論，是跟基督教的神創論（creationism）恰恰相反的，故而在西方引起巨大的爭議。在美國，直到 20 世紀，甚至到今天，神創論者都在不斷地對進化論進行反撲，利用進化論中的一些疑點和爭議之處大肆宣揚神創論。達爾文理論否定神創論，認為物種是由一個共同的始祖在時間進程及不同的環境中不斷演化、

---

[4] 嚴復譯：《天演論》第 60 頁，上海世界圖書出版公司，2013 年。

分化而來的。達爾文的理論認為人和猴子有共同的祖先，人是低等生物經億萬年不斷演化而成的，這跟基督教認為人是上帝按照自己的形象創造出來的完全不同。進化論甫問世便遭到大眾的嘲笑，但由於進化論是建立在科學證據和論證的基礎上的，跟神創論只是依靠單純的信仰不同，因此，獲得越來越多人的支持。雖然一些神學家想把進化論跟神創論調和起來，但進化論本身並不需要假設有一個上帝的存在，因此，客觀上進化論起到瓦解基督教信仰、傳播物質主義的作用。

19 世紀也是帝國主義、殖民主義和種族主義的世紀，一些人開始利用進化論來論證西方人、白種人的種族優越性，論證其對非西方民族的殖民和奴役是合理的，弱肉強食，適者生存，是符合進化論「物競天擇」的原理的，這種理論被稱為社會達爾文主義。赫胥黎有感於此，對這種理論提出反駁，認為不能機械地將自然規律運用到人類社會中，因為人類社會是服從於道德原則的，是要講仁愛的。

嚴復把「天演論」介紹到中國來，跟赫胥黎的目的大為不同。赫胥黎要面對神創論和基督教神學，但這在嚴復完全沒有必要，因為他所面臨的社會環境完全不同。嚴復1896 年翻譯完成《天演論》，然後給康有為、梁啟超等好友看過，產生影響，1897 年在《國聞報》上刊出，1898年出版，在全國產生巨大影響。為甚麼會這樣？因為當時正當甲午戰爭之後，日本割台灣，德國佔膠州，列國交相侵凌中國之際，中國知識界、官吏和人民都感受到再不變

法自強，就要亡國滅種了。在這時，物競天擇的天演論仿佛說的就是中國，再不奮發自強，群策群力，保國保種，恐怕就要弱肉強食，亡國亡種。如果說西方種族主義者是利用社會達爾文主義來論證其霸權行為的正當性，那麼嚴復則是利用達爾文理論（天演論）來喚起中國人的危機意識，提出預警，使其奮發，通過群體的合作，來保衛自己國家的生存。

儘管嚴復把 evolution 譯為天演，而且《天演論》一書獲得了巨大的成功，但是，天演這個詞卻逐漸被少用、棄用，對知識界產生更大影響的變成另一個譯詞：進化。這又是為甚麼呢？今天已很難說清楚其中的原因，但是恐怕進化這個詞裏面暗含的進步之意與此有莫大關係。

中國本土理論與進步主義、進化論結合的深遠影響

前面說過，赫胥黎意識到 evolution 包含了進化和退化兩種可能，因此，嚴復用天演而不用進化。即使在英文裏，evolution 的主要意思還是跟進展有關係，因此中文不能完全排除譯為進化、進步、進展的可能。在這個過程中，有沒有來自日本的「和製漢詞」的影響，尚有待考察。但是進化一詞所包含的進步、進展的褒義無疑與清末民初之際知識界改革派和革命派的思想更為吻合，因此贏得他們的青睞，在其文章中大量採取和鼓吹，使這個詞的使用頻率大大增加，超過了中性的天演或演化。改革派、革命派創辦了許多報刊，他們採用的新詞刺激了保守派，在互相辯論中就使得進化這樣的詞得到越來越多的傳播。

　　無論是來自西方的傳教士自由派（如廣學會），還是康有為、梁啟超等維新派，還是孫中山等革命派，都認為社會發展有其規律，總體說來會趨向不斷的進步。自由派多持後千禧年主義的信念，認為基督的福音將傳遍地球，基督的精神將廣為人知，世界通過科技、社會、道德逐步的改良和發展，將發展到一個高度文明的境界，會享有一個千年盛世，在此之後，基督復臨，接引信眾上天，惡人則受到處罰。康有為則依據其對《春秋》的研究提出「據亂、升平、太平」的三世說，認為人類社會發展必然經過這三個階段，最後才能達到一個完善的境界太平世界。梁啟超早期繼承了康有為的三世說，但又加以細化，他將三世分為三個階段，每個階段又有兩個小段：「多君世之別又有二：一曰酋長之世，二曰封建及世卿之世；一群世之別又有二：一曰君主之世，二曰君民共主之世；民政世之別亦有二：一曰有總統之世，二曰無總統之世。」這是從政治制度上來劃定人類進化的階段。[5]雖然梁啟超也接受了當時西方人的種族主義觀念，但一是認為黃種人並不遜色於白種人，二是認為像日本人經過改革後很快就跟上了西方，因此，這種階段論是東西方普遍適合的。全人類發展方向是一致的，只不過各民族有早晚之分而已。中國如果及時地採取先進制度（如君民共主制），則可以與西方（如英國）或日本並駕齊驅。梁啟超的這種普遍主義思維方式跟後來的馬克思主義人類社會發展五階段論有異曲同工之處。本來，馬克思主義的思想來源當中就有達爾文的進化論，馬克思雖然只是觀察和研究了歐洲的發展歷史和經濟

---

5 轉自浦嘉珉《中國與達爾文》第117-118頁，江蘇人民出版社，2009年。

結構，卻堅信其理論對整個人類都是普遍適合的（晚年學到人類學時有所反省，提出東方社會發展階段的問題）。從馬克思、恩格斯到列寧、斯大林，逐漸發展出了歷史五階段論，認為全人類社會都會遵循一個普遍的進化過程，就是從原始共產主義社會發展到奴隸社會，再經封建主義社會發展到資本主義社會，最後不可避免地發展到共產主義社會即人類社會的頂峰。這種理論的背後，是有猶太－基督教的千禧年主義的潛在影響（尤其後千禧年主義），其直接的先驅可以說是啟蒙主義、德國古典哲學（尤其黑格爾哲學作為新教神學的哲學版）、空想社會主義。其作為世俗的樂觀的進步主義，無疑是 19 世紀人文主義、科學主義（包括達爾文理論）結合的產物。儘管進步主義跟進化論是兩種不同的理論，但當它們進入中國，跟中國本土的理論（如康有為的三世說）結合之後，就可以混合起來發揮很大的作用，甚至有機會成為大規模的社會實踐，改變千萬人的命運。

綜上所說，單就 evolution 這個詞來說，譯為演化、天演比譯為進化更為準確。不過，由於進化這一中文詞在近代歷史中發揮了巨大的作用，並且在英文中也確實主要具有進化的含義，因此，譯為進化也是合情理的。不過，在追求精確的專業翻譯時（比如生物學理論），建議還是譯為演化更佳。

「個人主義」不自私

黃山

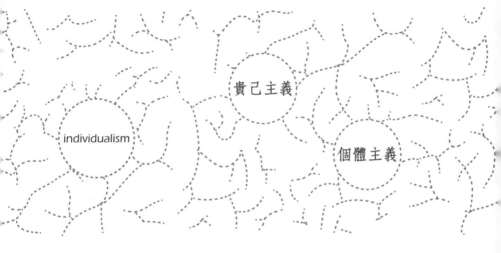

貴己主義

individualism

個體主義

內地作家王小波在他的雜文《一隻特立獨行的豬》中描述了一隻特立獨行的豬。

人喜歡對生活做種種設置，設置自己，也設置動物。圈養豬的生活有固定的主題：肉豬長肉，種豬配種，母豬生崽。無論喜歡不喜歡，絕大部份的豬都如此過着生活。偏偏有只特立獨行的豬不滿意被安排，王小波稱其為「豬兄」。豬兄兩眼有光，能跳高，能爬上豬圈的房頂。豬兄在房頂瀟灑地曬太陽，還會模仿各種聲音，學汽車響，學拖拉機響，學汽笛叫。豬兄的主人自然是不滿的，帶着繩索和殺豬刀過來處理牠。豬兄也是不滿的，一頭撞出去，跑的極之瀟灑。

豬兄不想只是待着長肉,而是要按自己的方式生活。一隻特立獨行的豬可謂奉行 individualism。Individualism 主流翻譯為個人主義。如果說豬兄的行為是個人主義的,可明顯見到豬兄不是自私自利,更說不上侵犯其它豬的利益。究其原因,個人主義(individualism)並不自私。

寧可我負天下人——中國傳統所理解的個人主義

商務印書館 2012 年出版的《現代漢語詞典》第 6 版對個人主義的定義為:資產階級世界觀的核心觀念,主張把個人的獨立、自由、平等等價值及權利放在第一位。

在現代中國語境中,個人主義的表現形式是多方面的,如個人英雄主義、自由主義(詳見本書《「自由主義」辨》一文)、本位主義、宗派主義等。通俗的說,個人英雄主義等同於出風頭;本位主義等同於只管自己,畫地為牢、只顧自掃門前雪;而宗派主義等同於小團體主義,愛搞分裂。總而言之,在此語境中,個人主義幾乎等同於損公肥私、損人利己、唯利是圖、各自為戰。

在日常使用中,個人主義是極為負面的。朱一凡與秦洪武兩位教授使用公開發行的文字語言材料和電視台播出的口語轉寫語言材料進行統計分析,發現個人主義都和負面的「壞」詞緊密聯繫,一起使用。[1]

---

[1] 朱一凡,秦洪武:《Individualism:一個西方概念在中國的譯介與重構——一項基於語料庫的研究》,刊登於期刊《中國翻譯》2018 年第 3 期。

其中的深層原因是在中國文化中,個人即己,是一個負面的詞。儒家傳統文化有己的概念,《論語 · 顏淵》提到「克己復禮為仁」。儒家主張「修身齊家治國平天下」,當代社會學家費孝通稱之為「差序格局」,如同水面上蕩漾的漣漪一般,由自己延伸開去,一圈一圈,見下圖:

儒家不是沒有自我,但是自我要依附在其他社會關係上。人們很難單獨定義個人是甚麼,應該是根據在其中的角色定義更準確,如定義為一國的臣民、家中的兒子。遵守倫理的本份也是儒家的復禮,你首先要做的是一個合格的國家或家庭成員。

因此,復禮的基礎是修身,修身意味着克己。克己中的己是嚴格的道德概念,和個人修養相關,蘊含着自我抑制、自我捨棄和自我犧牲,否則容易破壞整個倫理結構。

在這種結構中,個人理性的選擇是磨滅自身本性,扮演好所設置的角色,否則就給「槍打出頭鳥」,後來的連坐制度更是把大家牢牢綁緊。一隻特立獨行的豬是很難生

存下來的，在被外來人「消滅」之前，豬兄首先要面對來
自家庭和同類鄙夷的目光。

　　中國的千年文化傳統是克己，因此一旦提倡個人主
義，很容易變成兩種極端的個人主義，最有可能的一種是
與道德對立的「寧可我負天下人」的絕對利己主義，其次
是狂放不羈。魏晉時期的竹林七賢，飲酒縱歌，做出種種
放蕩的事情，仿佛這樣才能證明自己不守禮教，與眾不同。
但這終究不是積極意義的個人主義。

　　於是乎，中國語境中的個人主義 = 貶義 + 自私自利 +
損壞集體利益 + 放浪形骸（或）。

個人神聖不可侵犯——西方傳統所理解的 individualism

　　Individualism 的核心詞是 individual，由拉丁文 individuus
（indivisible）演變而來，構詞是 in+divisible；[2] in 表示否定，
divisible 表示可除盡，individual 所理解的個體，是獨一無
二的構成整體的部份。Individualism 的個體自由大體可以
分為兩個層面。第一個層面是在行為理念上，強調個體的
特立獨行，個人為一切權利義務的主體，保證個體自由和
利益，不受社會規範約束。第二個層面是在政治經濟上，
強調個體政治經濟的獨立性，反對社會及政府干預和控制。

　　按照上述兩個維度，individualism 在主流詞典的意思
不外如下：

---

[2] https://www.etymonline.com/word/individual#etymonline_v_6393

詞典	行為理念層面	政治經濟層面
Oxford Advanced Learner's English-Chinese Dictionary（Extended fourth edition）《牛津高階英漢雙解詞典》（第四版增補本）	feeling or behaviour of a person who likes to do things his/her own way, regardless of what other people do（不管別人怎樣做）只按個人方法行事的感覺或行為；我行我素	theory that favours free action and complete liberty of belief for each individual person（contrasted with the theory that favours the supremacy of the state）個人主義
Collins COBUILD Advanced Learner's English-Chinese Dictionary《柯林斯高階英漢雙解學習詞典》（2011 年版）	use individualism to refer to the behaviour of someone who likes to think and do things in their own way, rather than imitating other people 個性；獨立獨行	is the belief that economics and politics should not be controlled by the state（國家對經濟、政治的）不干涉主義，自由放任主義
Longman Dictionary of Contemporary English《朗文當代高級英語詞典：英英・英漢雙解》（第五版）	the behavior or attitude of someone who does things in their own way without being influenced by other people（行為或態度）我行我素	the belief that the rights and freedom of individual people are the most important rights in a society 個人主義（視個人權利和自由至上的信仰）

　　可見在西方語境中，individualism 非但沒有自私自利的貶義，而且有一種積極的價值取向。Individualism 提出之初，就和天賦人權、自由平等這些詞緊密聯繫在一起，從開始的對抗神權王權到後期的對抗集權政府，直到今天仍然是西方社會的主流價值觀。

　　在此語境中，不難理解豬也是可以特立獨行的。西方

音樂劇《貓》裏面塑造了各種各樣的貓，有魅力貓、領導貓、搖滾貓、保姆貓、劇院貓、富貴貓、犯罪貓、迷人貓、英雄貓、超人貓、魔術貓，等等。團體並不能抹殺個體的萬紫千紅，這群五花八門、各不相同的個體組成大千世界，上演了一出蕩氣迴腸的人間悲喜劇。每個人或許都可以被取代，但是每個人都獨一無二。

整理中國的個人主義和西方的 individualism，異同見下表：

	中國的個人主義	西方的 individualism
本質理解	自私自利	做自己，尊重個體自由利益
與集體的關係	損壞集體利益	不被集體所扼殺

Individualism 是一種肯定個體的價值觀，雖說是個人主義，卻一點都不自私自利。那麼，individualism 是怎麼被翻譯為個人主義而流行起來呢？

Individualism 譯詞演變史

開始傳入中國的 individual 一詞還沒有上升為一種政治學說 individualism，更多還是指 a single person。傳教士將 individual 翻譯為單、獨一個人，意思大致不差。值得注意的是，其中 1908 年的顏惠慶版《英華大辭典》開始出現個人的翻譯。

　　而 individualism 的翻譯到 20 世紀後，顏氏版本的《英華大辭典》提供了三種翻譯，分別是（1）利己，私利主義；（2）獨立、自理、特性、獨一、單個、特立之性；（3）個人平權主義。1916 年的赫美玲《官話》字典則翻譯為箇（通「個」）人論派和箇（通「個」）人主義。個人主義的翻譯首次正式出現。

　　學界普遍認為顏氏版本的《英華大辭典》受到日語頗多影響。日本人將 individualism 翻譯為個人，原意是一個人的省略。很可能日本人也受了古漢語的影響，在《英和詞典》中，日本人對個人主義的定義居然包含利己的意思。儘管顏氏版本中翻譯的後兩種意思對應 individualism 原意，卻加入了利己、私利主義的意思，並且放在首位。自此，個人主義便和利己主義扯上關聯。當時中國的知識份子相當抵觸這個詞。魯迅在 1907 年《文化偏至論》中寫道：「個人一語，入中國未三四年，號稱識時之士，多引以為大垢，苟被其謚，與民賊同。」明明一個好詞 individualism，中國人卻不敢自稱或被稱，實在可惜。

　　隨着 individualism 的對立面 collectivism 集體主義的引入和流行，更是讓 individualism 陷入萬劫不復之地。Collectivism 天然和共產主義掛鈎，且仿佛和中國傳統文化接近而得到尊崇，作為對立面的 individualism 就和腐朽的資產階級聯繫在一起。在中國的歷次階級鬥爭和運動中，個人主義也成了一頂大帽子，被安在需要戴的人頭上。難得出現褒義的個人如先進個人，首先意味着個人要為集體作貢獻。

黃梓航等人在其學術論文《個人主義上升，集體主義式微？——全球文化變遷與民眾心理變化》中提到，眾多學者統計全球包括中文、英文、西班牙文等主流語言詞頻發現，使用「我」的頻率相對上升，使用「我們」的頻率相對下降，可見 individualism 意識的上升是全球趨勢。或許現在中國政府已經意識到 individualism 在經濟和政治上的價值，其有可取之處，至少不能全盤反對。然而在中文語境中，個人主義仍然是貶義詞。中國政府的十九大報告中，中文原文有「堅決防止和反對個人主義」，英文翻譯是「guard against and oppose self-centered behavior」，可見反對的是中文的個人主義（self-centered behavior），卻不反對西方的 individualism。

這種理解自然正確，反過來也突顯把 individualism 翻譯為個人主義的不妥。

Individualism 重譯建議

中文的個人主義既不能充分表達 individualism 的本意，其負面含義也越發顯得不合時宜。Individualism 有必要重譯。何雲峰教授在論文《馬克思對「個體主義」的揚棄》中主張將 individualism 翻譯為個體主義，這自然可以或多或少避免個人主義的詬病。我們不妨回到中國諸子百家時代，再行斟酌。

抗衡儒家「克己復禮」的是道家楊朱學派的「貴己」。從貴己出發，其代表人物楊朱構建了他的學說，其中包括

「全性保真」。所謂全性保真，即順應自然之性，保持自然之真，這和提倡尊重個人特質的 individualism 有幾分相似。

楊朱學說最為著名的就是「一毛不拔」，原文是「損一毫利天下，不與也」。如果拔一根汗毛就可以有利於天下，楊朱也是不願意的。此語一出，仿佛楊朱就成了禽獸一般的自私自利之人。然而，楊朱提倡的是貴己而非利己，楊朱不願意自己拔毛，也不要求他人為自己拔毛。細想一下，如果今天因為拔一毛可以利天下而拔了一毛，按照這個邏輯，明天有人就可以要求拔二毛利天下，或者一人斷臂利天下，接下來就可以要求多人斷臂利天下。利天下本來就是抽象的難以衡量的概念，容易被有心人利用而威脅到每個人應有的自由和利益，威脅到 individualism 的根基，楊朱萬萬不願意，他理想的社會大治基於貴己，是「人人不損一毫，人人不利天下，天下治矣」。

或許，individualism 可以翻譯為貴己主義？

「人」與「權」的結合與轉化

周偉馳

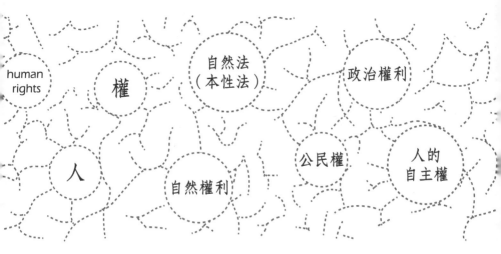

《中華人民共和國憲法》中公民的基本權利和義務條目規定：國家尊重和保障人權。其他國家列出的人權內容，中國憲法大都包括在內。對中國來說，「人權」是個較新的概念，就全世界而言，這個詞也是近代才出現。

《漢語大詞典》對人權的解釋為：「人身權利和民主權利。包括自由、人身安全、選舉、工作、受教育、集會結社、宗教信仰等權利。」詞典給出的兩個使用例子，都是現代的——朱德《感時》詩：「史積推翻光史冊，人權再鑄重人間。」巴金《死去的太陽》：「我們一定要把正義和人權爭到手來。」

人與權二字的結合及詞義轉化

中國古代對人字頗多議論，《論語》就多次談及，但着重其德性與倫常內涵。至於人作為個體，古籍也有使用。宋朝陳亮的《念奴嬌 · 至金陵》詞：「因念舊日山城，個人如畫，已作中州想。」清朝曹垂璨《憶秦娥 · 蟋蟀》詞：「個人今夜，愁腸千結。」這裏是指彼人、那人，多指所愛的人。中國古代，權字也頗多使用，下面再加討論，但人與權合起來使用則沒有看到。

人權是英語 human rights 這個詞的一般對譯，其中 right 這個詞在 9 世紀時已有使用。Right 的本義是直、尺度的意思，引申出正當、正確的意思，權利的意思是後來才有的。晚清新教傳教士初來華時，一般都注意到這些意思。比如 1844 年衛三畏（Samuel Williams）《英華韻府》譯為分所當然，幾年後麥都思（Walter Medhurst）《英華字典》譯為應當，1866 年羅存德（Wilhelm Lobscheid）則將 the right of citizens 譯為百姓嘅權、民之權，羅存德字典傳到日本後為井上哲次郎所增訂（1884 年），該詞條為後者所照搬。後者還將 rights 譯為生而屬我、理所當然等。到了 1908 年，顏惠慶《英華大辭典》譯為有權要求、按理當得、權、法律上之權、權利。1913 年商務印書館《英華新字典》譯為正理、正道、真實、公正、通義、權利、要求權、特權等。

權字在中文中的本意是黃華木，因其堅硬，故常用作秤桿、秤錘，故有權衡之詞。可能由於權衡者是有一定地

位和威望之人，引申到權力，也有可能和權杖有關。在古漢語中，權利二字連用時，一般表示權勢和貨財，或表示權衡利害，《荀子》、《商君書》、《鹽鐵論》中均有例句。近代用權利來翻譯 rights，目前所知最早的來自於 1864 年丁韙良（William Martin）所譯的《萬國公法》。這部由美國法學家亨利‧惠頓（Henry Wheaton）寫的國際法著作對日本有重大影響，日本哲學家西周於 1868 年也將 rights 譯為權利或權。在他影響下，日本學界普遍譯為權利。

道德自律——源自西方本性法的人權

現在所說的人權（human rights），一般指人們通過同意訂立契約所訂立的權利，但其思想來源則是自然權利（natural rights），而自然權利又來自於自然法（natural law）傳統。在本書另一篇文章《性與「自然」》中已經提過，nature/natural 譯為性、本性的更加合適，因此，所謂 natural law 應為性法或本性法，就是說，人天生的本性的法則（法律），應該遵循它行事，否則就會受到懲罰。當然，本性法與實定法不同，它沒有固定可見的執行賞罰者，因此，在中文語境中，它實際上就跟宋明理學中的性理、天理差不多。理跟法的差別，就是少了一個審判者或執法者，要靠每個人自覺遵循。

西方的本性法傳統，啟自亞里士多德（Aristotle），中間經過斯多亞派的發展，到基督教思想家阿奎那（Thomas Aquinas）明確系統的提出，到近代演變為一個浩大的本性法傳統。按照阿奎那的說法，上帝賦予了人人性，人性是

有一定的法則的。一個人從小長到大，直到善終，是有一定的成長法則的。其中首要的就是「你當求善避惡」，具體就是保存生命，繁衍後代，樂群敬神。這種神學上的信念到近代世俗化啟動後，卻越來越難令人信服。因此，到自然法學家普芬道夫（Samuel Pufendorf）的時候，就逐漸取消了上帝存在的假設，而純從大自然着眼了。人的天性不是上帝創造的也不要緊，它是大自然創造的也可以。只要有這樣的本性，生來就理所當然要享有生命、自由、財產，他人不得無故剝奪。雖然把上帝置換成了大自然，大自然成了人的本性的賦予者，但是，本性法之作為法的審判者、執行者到底是誰，仍然是一個問題。如果沒有審判者、執行者來落實本性法之法，那法就會成為一個抽象無力的理。英國政治家霍布斯（Thomas Hobbes）是一位無神論者和唯物論者，他提出了契約論。他認為，在本性狀態中，人對人像狼一樣（這種觀點可能受到奧古斯丁原罪論的影響），每個人的生命、自由、財產都沒法得到保障，為保有這些東西，人們想到一個辦法，那就是把部份自主權（比如自衛權或私鬥權）交給一個人（國王或皇帝），讓他來統治大家，維持公共秩序，保障大家的生命、行動自由、財產的安全等等。這樣，政府和個人的權限就得到劃分。霍布斯因為經歷過清教革命之亂，因此特別強調政府的權威、秩序的重要性。後來的思想家則在霍布斯的理論基礎上加以改進。英國哲學家洛克（John Locke）認為，生命、自由、財產都是一個人生來就自然而然應該擁有的東西（自主權或自由權利），並不是任何政府或其他人賦予的，政府存在的意義就在於保障這些本性理所當然必須

要擁有的東西。如果政府不能保障甚至違反這些自主權，那麼，人民就可以依據人類本性的法律，推翻壞政府，建立符合本性要求的新政府。這樣，本性法就變成了一個革命性的法。本性法的審判者和執行者在洛克這裏不再是虛無縹緲的上帝，而是變成了人民。至此，人的本性理所當然要擁有的自主權，如生命權、自由行動權、財產權，都要落實在實定法中，在此生得到明確規定。

對於當時的世界來說，由於侵犯這些自主權（權利）的，主要是暴虐的專制政府，因此，在英國、美國、法國發生革命後，革命者都制定了新的法律，以明確的實定法的形式保障人的本性所要求的自主權（即權利），對政府的自由（自主）和個人自由（自主）劃定界限，使政府不能侵犯個人自主權（權利）。其中最著名的法律有三個，即英國 1688 年的《人權法案》、美國 1776 年的《獨立宣言》和法國 1789 年的《人權宣言》。經過艱辛的探索，二戰之後，聯合國通過了《世界人權宣言》，確立了人權的普世原則，將之作為國際人權法律的基石。此後許多國際人權公約、宣言和決議也重申了這個原則的重要性。在此必須補充的是，起草《世界人權宣言》的九大委員中，有中國的張彭春教授，他將孔子的思想加入到宣言當中，使之與阿奎那等人的思想一起成為世界人權思想的基石。

確實，無論是《中庸》的「天命之謂性，率性之謂道」，還是朱子的性理觀念，甚或儒家的革命觀、人道主義思想，對於人性、人的正當權利與義務的探討，與亞里士多德、

阿奎那和洛克等人的思想有很多異曲同工之處。

Rights 即人的本性所必需的權利或自主權（freedom，亦可譯為自主、自由）。一個人天生就要吃飯喝水，要四肢健全（不受傷害），要能夠自由地走動，要自由地說話，要發揮其智力和體力上的潛能等等，它跟主觀求善、心生善意的道德沒有關係，更近於一個客觀的必然要求，因此，在西方它是一個去道德化的客觀、中立的觀念，成為政府要保障的東西。本性法中對個人權利（自主權或自由）的保護，就是在這個意義上講的，關鍵是要限制強權勢力如政府或團體對個人自由（自主權或權利）的侵害。

近代人權理論旨在界定政治權力與個人權益的關係。若人權作為普遍性的規約，如何論證它的普遍有效性？康德（Immanuel Kant）以超越性之論證的方法，建立道德自律學說，並以此闡明人權——作為一種法律與制度之規範原則——的正當性。康德為證明絕對的善有效，就從先驗或純粹之實踐理性去決定最高的道德律，並據此先驗地決定人的責任。這就是道德定言令式（其中一項基本標準是「你始終把人當作目的，不能把他只當作工具」），因此，人權不是依據人的生物性或任何具體的性質，如階級、種族，而是道德自律，因此人權具普遍性。

與中國傳統思想接軌的自主權

根據有些學者的研究，rights 在近代中國的翻譯過程，大致有三個階段。在早期，也就是丁韙良翻譯《萬國公法》

時期，主要是從法律角度來翻譯和理解、使用權利一詞。在當時的國際形勢中，清朝作為弱國，須借助國際法來為自己爭取合法權力和利益，這確實很符合當時的歷史階段。但丁韙良的翻譯中忽略了 rights 本來的自主性為正當的含義，就是說，還沒有和自由或自主（freedom）聯繫或等同起來。在當時及稍早一些時候，別的傳教士如郭士立（Gutzlaff）已經用自主之權、人人自主、自主之理來翻譯 freedom，實際上涉及權利，只是沒有用權利來解釋自主而已。這要到後來嚴復將密爾（John Mill）的《論自由》譯為《群己權界論》，將 freedom 跟權界掛上鈎才明確實現。甲午戰敗後，自主之權、權、權利一時成為熱門詞，但人們多是從國際法中的國家權益來使用。維新變法前後，洋務派與維新派之間展開了關於民權的爭論。張之洞《勸學篇》一方面強調國家自主之權，一方面又反對人人有自主之權。維新派何啟、胡禮垣認為「奪人自主之權者，比之殺戮其人，相去一間耳」，跟殺人差不多。他們說：「權者，謂所執以行天下之大經大法，所持以定天下之至正至中者耳。執持者必有其物，無以名之，名之曰權而已矣。」「權之用者，情理之謂也。」「為國之大道，先在使人人知有自主之權。」「人人有權，其國必興；人人無權，其國必廢。」雖然兩方意見對立，但都是從個人自主權是否有利於國家着眼，將之功利化。兩方都用儒家思想來證明國家或個人自主權，仍是立足於儒家思想。在 1900 年至新文化運動時期，義和團事件、廢科舉、辛亥革命，使人們認識到儒教之無效，這時出現了中西二元思想，儒家退至私人道德領域，而在公共領域則採用西方學說，去道德化的、

天賦人權式的權利思想流行，最為接近西方意義上的客觀
權利觀念。個人一詞與權利一詞大量出現。公共領域中的
個人一旦從儒家倫常中擺脫出來，就變成獨立自主的個人。
在此過程中，權利成為個人自主性的代名詞，而國家權利
是由個人權利合成的。在此期間，社會契約論成為社會理
想藍圖。不過，到了新文化運動時期，隨着袁世凱稱帝、
張勳、溥儀復辟等一系列民主倒退現象出現，人們認識到，
以權利為公域而以儒家為私域的中西二元論，會導致一系
列的問題，使整個社會的價值觀出現問題，因此，《新青
年》的陳獨秀、胡適、李大釗、魯迅、高一涵等人開始要
樹立新道德，新體新用，塑造新人，從思想文化上維護共
和與民主價值，他們開始將個人權利（包括社會主義所強
調的經濟權利）作為關鍵詞來重塑一套價值觀和道德話語，
以消除前一階段的二元論將天賦人權中立化、去道德化的
做法。但是，這種將權利作為道德追求的做法，也為後來
建設高調的道德烏托邦埋下了伏筆。[1]

　　在當代世界，西方國家在談到人權時，側重於公民和
政治權利，而發展中國家則側重於經濟、社會與文化權利，
這是由兩方處於不同的歷史發展階段決定的。事實求是地
說，改革開放四十多年來，中國在消除貧困、發展教育方
面取得了巨大的進步，中國人在經濟、社會與教育方面的
權利有很大提高，在公民權上也有不少的進步。改革開放
的過程就是一個人民不斷獲得更多自主權的過程，人民創
業的自主性有極大的提高，但在言論自由、出版自由、結

[1] 金觀濤、劉青峰：《近代中國權利觀念的起源和演變》，見《觀念史研究：中國現代
重要政治術語的形成》一書第 104-150 頁。北京，法律出版社，2009 年。

社自由等權利方面還有很大的提升空間。

有人按人權發展史將人權分為三代，第一代是公民權與政治人權，第二代是經濟、社會、文化人權，第三代是清潔環境權等權利。目前第三代人權仍處於有爭議階段。

如上所說，權利並不是 rights 的一個恰當的翻譯，主要的問題是它不能表達出其中「天賦自主性」空間（或天賦自主權、天賦自由）的含義，而只是帶有中文傳統的含義「權力與利益」，局限於法律意義方面。由於 rights 的起源跟 natural law 緊密相關，而後者建議譯為本性法。本性法認為人天生自主（自由），必需要有自主發展的空間和界限，他人（包括政府）不得侵犯，這一要求是天經地義的，理所應當的，情理之中的，因此，建議將 rights 譯為自主權。當政府是全能政府，包攬人的一切行動、思想、言論空間時，人就沒有自主性可言，也就是沒有權利。而當政府成為「小政府」，將很多方面讓給個人和社會團體自行處理時，就是讓他們有自主權也即自由時，國家與個人就有了權界，個人與國家在分立的基礎上才能有好的合作。當 rights 譯為自主權時，human rights 就可以譯為人的自主權，亦或簡稱人權。當 rights 譯為自主權時，從中文就可以直觀地看出其與自主、人性、性法、性理的聯繫，也容易跟中國傳統思想接軌。

「集體」給皇帝披上新裝

黃山

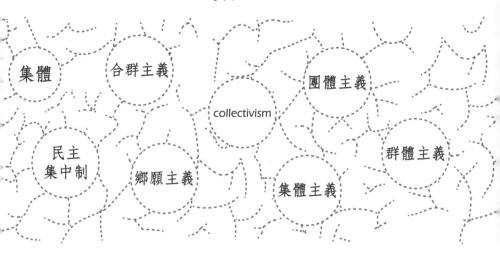

《皇帝的新裝》是人們耳熟能詳的故事。皇帝穿上一件看不見的新裝,赤裸裸地舉行遊行大典。一般人對故事的解讀是諷刺皇帝昏庸,以及大小官吏虛偽諂媚,讚揚小孩純真的童心。

如果我們也是遊行隊伍中的一員,是否會像那個孩子一樣說出來「他甚麼也沒有穿」呢?許多人選擇不說出來,可能基於兩種情形:一是皇帝其實是穿了衣服的,這樣自己就被別人當作愚人而嘲笑;二是皇帝果真沒穿衣服,但會引起騙子的仇恨和報復、皇帝及大臣的尷尬與責罵。因此,大多數人選擇不說話,造成集體失語。

那麼,「集體」又是一個怎樣的存在呢?

做好螺絲釘——中國傳統所理解的集體

　　中國社會科學院編輯的《現代漢語詞典》對集體的定義十分簡單:「許多人合起來的有組織的整體。」學者對集體的解釋有三種細緻的分類:第一種,集體是一個集合概念,「一組在時間和空間上可以確切說明的個體按照一定方式的集合」,它不是個人的集體並列。第二種,集體是一個社會群體概念,它具有明確的社會屬性和群體屬性。第三種,集體是一個經濟範疇,這在當代中國社會主義的集體主義實踐中明顯地表現出來。集體之所以能夠將不同個體結合在一起,其內在根基在於人們有緊密的利益關係,集體的公共利益是集體公共意志的經濟基礎,也是集體的核心權力。本文主要討論前兩種意義上的集體。

　　集體本身也是一個「集體詞」,集字和體字聯合在一起,成為一個獨立的詞。集是會意字,從隹從木。隹是短尾鳥的總稱,與木聯合起來表示許多鳥兒停歇在樹木上。體的異體字是躰、骵和軆。從字形上看,體和骨頭、身體、本體相關。《廣雅》說「體,身也」。《說文》把身體分成十二屬,包括頂、面、頤、肩、脊、臀、肱、臂、手、股、脛、足,即「體,總十二屬之名也」。簡言之,體字就是身體,並可引申出根本、本體之意。

　　在古漢語中,沒有集、體二字聯繫在一起使用的,但在 20 世紀之初,集體二字聚合則有了新的意思。這種聚

　轉述自復旦大學劉波 2011 年的博士論文《當代中國集體主義模式演進的研究》第 8-9 頁。

合不是指烏合之眾，而是指有層次的組織群體。

古代中國沒有集體一詞的使用習慣，卻一直生活在集體之中。宗法的家族是一個集體，各種商會幫會也是集體。當然，集體主義在中國社會上升到一種具有社會共識的政治價值取向，則要追溯到 1949 年中國共產黨建國後。如上所述，集體主義有在政治經濟學和社會心理學方面的兩種解釋。先不談政治經濟學方面的解釋，但不可否認，中國共產黨以集體主義的經濟制度治國，其社會主義主流倫理價值觀當然也是弘揚集體主義。

在此還要提及另外一個政治學概念──民主集中制，這也是中國做決策的基本原則。民主是少數服從多數，集中是把大家的意見集中起來集體做決策。這個原則在理想的操作下，是由下到上一級一級地把收集到的意見集中，討論後形成決策，落實執行。但許多時在不理想的操作下，領導人提出意見或者定調，絕大多數人表示支持，形成大家知情下統一的結果，又稱為全體一致或滿場一致。皇帝的確穿衣服了，這是集體得出的滿場一致的結論，理性的人成為少數派，但他們的沉默就是知情之下默認並同意該集體結論。

弘揚集體主義的典型是雷鋒。當年一首歌曲《學習雷鋒好榜樣》紅遍大江南北：「學習雷鋒好榜樣……願做革命的螺絲釘……集體主義思想放光芒。」集體主義要求人

們做一個螺絲釘。螺絲釘最好是符合尺寸要求的,不然集體就不帶你玩了。

孔子把這種看似忠厚、人人都稱好、但實際沒有一點道德原則的「螺絲釘」稱為鄉愿,並說「鄉愿,德之賊也」。孔子是反對鄉愿的,無奈現實中卻是文字獄,人們都學會噤若寒蟬。在這種背景下。遵循集體主義未必是真的要為集體好,而是要懂得在集體中自我保護。故事中那些狐疑的人們若是真心為皇帝或國家考慮,就應該勇敢說出不同的聲音,否則只是偽集體主義,給皇帝披上新裝罷了。

交響樂的不同聲部——現代西方所理解的集體主義

Collectivism 的原意指政治經濟學上的(一切農場、工商企業都歸政府或全民所有的)公有制 ,直到今天,牛津詞典和柯林斯詞典仍然保留這種解釋。

大概是為了和 individualism 對應,更多的是心理學家從社會價值取向的角度給 collectivism 定義,總結起來,無非是社會共識希望個人在處理問題時把群體(group)放在更高的優先級位置考慮。

然而,東方和西方對於 group 的歷史淵源及其理解是不同的。當代社會學家費孝通在《鄉土中國》中提到兩種不同性質的社會:一種並沒有具體目的,只是因為在一起生長而發生的社會;一種是為了完成一項任務而結合的社會。前者是「有機的團結」,是禮俗社會;後者是「機械

的團結」，是法理社會。中國社會偏向前者，人們生下來就注定生活在某個家庭或者某個單位，這是人們生活工作不可分的集體。西方的集體更多是基於興趣或利益聚在一起，是一種 club 文化。Club 翻譯為俱樂部顯然是曲解了這個意思，因為 club 不單指娛樂活動，還指各種社團組織。在社團中，有人組織，自願加入，有權利有義務，個人從社團中有收穫，並可以與他人共享。如同在一個球隊，球員不管是前鋒還是後衛，都要發揮長處，遵守組織戰術，為球隊贏球而努力，因為個人失誤導致球隊輸球是不被允許的。同樣，在交響樂團，不同樂手在指揮家指揮下共同演奏，成為整體的樂章。要達成團隊的成功，既要服從團體的統一指揮，也要共享個人特色，這才是 collectivism 的精神。

下表是中國的集體和西方的 collectivism 的比較：

	中國的集體	西方的 collectivism
特點	生活或工作的群體	基於興趣或利益的群體
組成單位	合格的螺絲釘	合奏的不同聲部
優先的體現	集體或集體領導人做一致的決策	群體要達成的任務優先
近義詞	合群主義、鄉願主義、一致主義	團體主義、群體主義
對立面	同一的對立面是對立鬥爭	統一的對立面是多樣性

Collectivism 在中國的翻譯直到 1900 年後才出現，且和政治經濟掛鈎，指「共產主義、社會共產主義（國家直接管理生利諸事之道）」（顏惠慶《英華大辭典》）、「社會公產主義、集合主義」（赫美玲《官話》字典）。

馬克思列寧主義意識形態中極為重視 collectivism，蘇聯官方文書上大量出現 collectivism，並把對集體的貢獻視為新蘇維埃人的基本要求。作為蘇維埃的追隨者，中國共產黨也引進了集體主義的概念。

日文將 collectivism 翻譯為集產主義。在開始的階段，collectivism 更多是經濟學名詞，collectivism 幾乎等於集產主義或者是共產主義。20 世紀初的中國還是一盤散沙，軍閥、家族、幫派，各有各山頭，尤其需要團結起來。在這樣的背景下，相比單純的經濟學名詞集產主義，或許一個社會化名詞——集體主義——更能深入人心，客觀上也促進了中國人民走向團結。1949 年後，中國人有集體宿舍，有集體戶口，過集體生活，自然要講集體主義，也可以統稱為為人民服務。

中國官方提倡集體主義，並且認為集體主義意味着要兼顧集體利益和個人利益，是「一人為大家，大家為一人」，「我為人人，人人為我」。這種理解自然不錯，但用一個句子來表達集體主義似乎不夠精簡，集體主義有必要重譯。

和而不同主義

　　Collectivism 有其不可替代的價值，反對用抽象的集體決策扼殺個體，反對用抽象的集體利益違反法律，同樣反對破壞性的不顧群體利益的個體（如球隊毒瘤、交響樂的不和諧音）。重譯 collectivism 的重點，是要找到一個能夠準確代表集體的中文詞，講究整體的任務達成而不強求個體的一致性。

　　先秦時代，和是一個非常重要的概念。中國傳統烹飪講究和味──酸、甜、苦、辣、鹹調和在一起，達到一種五味俱全的境界，才算是上等佳餚。中國古典音樂中的宮、商、角、徵、羽配合在一起，達到一種五音共鳴、聲在宮、商之外的境界，才算是上等美樂。和的概念與西方的群體類似。

　　和是一種有差別的多樣性統一，有別於同。孔子總結為「君子和而不同」（《論語‧子路》），指君子在人際交往中能夠與他人保持一種和諧友善的關係，但對具體問題的看法卻不必苟同於對方。或許 collectivism 可以對應翻譯為和而不同主義。

　　近期如火如荼的區塊鏈技術被譽為下一個價值互聯網，部份人堅信它將再次徹底改變人類的生活。或許實體組織包括國家將不再重要，人們將擁有基於區塊鏈技術的各種虛擬貨幣、虛擬組織和虛擬國家。區塊鏈的核心概念，

一是共識，加入群體的人要有共同的規則；二是去中心化，一旦去中心化的規則確立，就再無創世者。和而不同來自先秦時代，或許也適用於描述未來世界。

「功利主義」不功利

黃山

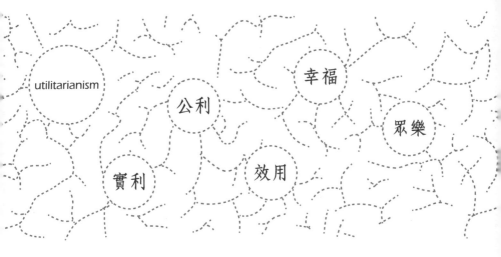

　　相信大家對孔融讓梨的故事耳熟能詳。關於孔融讓梨的原因，一種說法是孔融因為自己輩份最小，按照長幼次序理應取小；一種說法是孔融認為自己年齡小，食量也小。如果不考慮道德因素，哥哥吃大梨、孔融吃小梨合情合理，因為兄弟二人的整體幸福感最高。

　　西方把多數人的幸福最大化原則稱為 utilitarianism，漢語一般翻譯為功利主義。孔融讓梨遵循功利主義原則，自然也算是功利主義者。國人對功利一詞並無好感，他們或許不解，孔融讓梨照顧到兄弟二人的利益，為甚麼還說孔融功利呢？究其原因，功利主義（utilitarianism）並不功利。

義利之辨中的黯然離場者——中國傳統理解的功利

在《現代漢語詞典》中，功利一詞的意思有二：功效和利益；功名和利祿。兩者皆含有貶義。在中文語境中，功利主義同樣被貶義使用，似乎成為搞不好一切事情的原罪。

回到功利的漢語根源來看，功字從工從力，本意是用力從事工作，引申為勞動的獲取。勞動報酬可以進一步延伸，為國勞動謂國功，為軍隊工作謂軍功，等等。利字從刀從禾，用工具收割莊稼，在農耕文明的中國自然延伸到種種好處。

就漢字的古意而言，功利指客觀上通過勞動獲得的利益，雖未必是褒義，但不至於淪落到絕對貶義。功利一詞在今天如此不堪，實在有賴於中華民族持續兩千年的義利之辨的傳統。

義利之辨是中國古代關於道德行為與物質利益的關係問題的爭辯。或許在不同的場合與語境中，義和利所指不同，但至少從文字的角度，義和利是對立的。在《論語·里仁》中，子曰「君子喻於義，小人喻於利」，意思是義屬於君子討論的範疇（勞心者），利屬於小人討論的範疇（勞力者），董仲舒所言的「正其誼（義）不謀其利，明其道不計其功」與之類似。道家對「功」也嗤之以鼻，莊子說「神人無功」，莊子又說「功利機巧，必忘夫人之心」。自此，功利便徹底作為道義的對立面而存在。在天然的道

德高地優勢下，功利在義利之辨中有口難辯，成為黯然的
離場者。從此，人們談功利色變，更不要說一切以功利為
導向的功利主義。對於功利主義者，人們只會丟給他們鄙
夷的臉色，仿佛不把這種異教徒釘上十字架一把火燒掉，
已經是莫大的恩賜。

總結一下，中國語境中的功利 = 貶義 + 只追求實際利
益 + 個人。

多數人的幸福——西方傳統理解的 utilitarianism

Utilitarianism 在西方指的是一種倫理原則，認為人
應該做出能「達到最大善」的行為，所謂最大善的計算
則必須依靠此行為所涉及的每一個體苦樂感覺的總和。
Utilitarianism 的奠基人是邊沁（Jeremy Bentham），集大成
者是密爾（John Mill）。

COBUILD Advanced English Dictionary 對 utilitarianism 的
定義如下：Utilitarianism is the idea that the morally correct
course of action is the one that produces benefit for the
greatest number of people。

這裏有兩個問題：
問題一：甚麼是 utility？Utilitarianism 可以分為
utilitarian+-ism，這裏先不討論 -ism 部份，只討論 utility。問
題二：甚麼是 greatest number of people？

問題一中的 utility 指的實際的效用，含有有益、有用和效用的意思，追求功利的行為也必須是 morally correct。

密爾認為：人類行為的唯一目的是求得幸福，所以對幸福的促進就成為判斷人的一切行為是否有 benefit 的標準。功利主義的主要代表邊沁更是作詩一首：

「強烈，持久，不可避免，飄忽，充實，崇高——
苦樂皆具此特徵，
人生本該尋快樂，
眾人都應樂中生，
避苦就樂乃真性，
如苦必降但願少而輕。」

這是理解 utility 的本質，坦承人性趨利避害是道德的根本。Utility 不是客觀量化的標準，而是個體主觀的感受。回到孔融讓梨的例子，如果只看客觀的利，毫無疑問以為梨越重越大利越大；如果是主觀感受則未必，吃了超過自己食量的梨，飽得難受就不是利是弊了。

第二個問題，最多數人的利益。前面說過，utilitarianism 是社會的倫理標準，其初衷及核心目的並非僅僅關注個人的幸福和解脫，而是着眼全社會人類群體的幸福，即為公共利益的獲得與評價建立客觀標準，以達到「政府的改善和人類命運改良的目標（improvement in movement and the melioration of the lot of mankind）」。

下面列表整理出中國的功利和西方的 utilitarianism 的異同：

	中國的功利	西方的 utilitarianism
功利定義	客觀的利益	主觀幸福感
涉及範圍	個體私利	群體公利

西方的 utilitarianism 考慮大部份人的幸福感，這分明是善的行為，雖說是功利主義，卻一點都不功利。那麼，utilitarianism 是怎麼被翻譯為功利主義並流行起來的呢？

Utilitarianism 譯詞演變史

《英華字典》，幾位傳教士（衛三畏、麥都思、羅存德等）的版本都將 utilitarianism 翻譯為利人之道、以利人為意之道、利用物之道、益人之道、益人為等。這個階段 utilitarianism 翻譯的意思雖然沒有明顯錯誤，但可見傳教士們僅能用一串句子來說明，始終找不到單一的名詞來表達，更談不上傳播和推廣。

近鄰日本對作為西方重要思想的 utilitarianism 的翻譯和引入也在進行。開始的時候，utilitarianism 的翻譯並不統一。明治時期以來的各類英和詞典和書籍中，utilitarianism 有多種翻譯，包括利學、利道、利人之道、利人主義、利用論、福利學、巧利說、功利主義、實利主義、也有人提

倡譯為公利主義、效用主義、效益主義，甚至大福主義。
1890 年後，功利作為核心譯詞逐漸被更多詞典採用，最終功利主義固定為專有名詞被接受和流傳下來。

日本人自己都覺得用功利主義對譯 utilitarianism 不妥當，因為日語的功利含有算計、利己的負面意思，無法完全傳遞出 utilitarianism 的本意。一種說法可能是，功利的言下之意是想和幕府時期的武士道（地位相當中國人的義）劃清界限，有利於當時的日本實現文明開化、殖產興業、富國強兵三大國家任務。因此，功利主義成為主流傳播開來。

回到中國，梁啟超在《新民叢報》的多篇文章中使用功利主義，對功利主義一詞起到極大的傳播作用。《新爾雅》、《哲學詞典》等權威工具書也參照日本譯詞，把功利主義收錄進去，功利主義成為主流。

民國早期，不少書籍出現功利主義一詞，主要是介紹西方思想，也有意無意在涉及到管子、墨子和董仲舒等關於中國傳統文化的倫理思想時使用功利主義，這就難免將兩者混用。功利主義在中國一開始使用就發生了詞義的微妙變化，混用演變為替換，基於西方思想的 utilitarianism 在中國土壤開始迷失，喪失原有內涵，反被同化和吞噬。沒用多長時間，本土傳統的義利之辨意思的功利主義就成為主流，一直沿用到今時今日。

　　國人要學習西人的思想，沒有料到西人只是提供一個譯詞，國人又回到傳統本土的討論中。國人熱火朝天痛斥功利主義時，邊沁和密爾在一旁表示與我何干。

Utilitarianism 重譯建議

　　儘管功利主義已成為翻譯的主流，但這一譯詞似乎一直沒有得到學界的肯定。章士釗指出，功利主義是沿日人之侈譯，非良詁。1936 年首次完整翻譯密爾 *Utilitarianism* 的著名學者唐鉞，近年重新翻譯 *Utilitarianism* 的徐大建教授，都不認同功利主義這一譯詞，認為其因為使用的時間長了，約定俗成，難以糾正，很感無奈。有趣的是，梁啟超在《樂利主義泰斗邊沁之學說》中使用的卻是樂利主義，連他自己都不能堅持將功利主義使用到底。

　　至今，在非學術性場合，功利主義一詞習慣上被用作貶義，指重利輕義的態度和行為。名不正言不順，功利主義天然就陷入道德低谷，為客觀理解和使用造成極大障礙。但是，不能因為功利主義被長時間誤用而聽之任之，應該考慮重新翻譯。

　　先秦時也有一些其他聲音，楊朱學派更是反對抽象的義，主張「貴己」「為我」。只要拔一根汗毛就對天下有利的事情，楊朱也是不願意做的。

　　墨家要義利兼得，其學派主張稱為「貴義尚利」。墨

家「尚利」,認為「義,利也」。同時,墨家認為的利不是個人的私利,而是公共利益,是天下之利與利人。

墨子在《大取》中談及:「利之中取大,害之中取小也。害之中取小也,非取害也,取利也。」取大者,最優選擇也,意思是選擇要取最大的利益,或者是選擇害處最小的。這和 utilitarianism 主張的整體計算每一個體之苦樂感覺的總和有類似之處。

儘管 utilitarianism 與墨家思想接近,無奈在傳統的義利之辨的語境中,萬萬不能再用利去對應 utilitarianism。

要理解 utilitarianism,重要的是理解最多數人的最大幸福,核心點在於主觀幸福和最多數人。圍繞着這兩個核心點,中國有兩個熟悉的文化語境:其一是孟子的名句「獨樂樂不如眾樂樂」,其二是范仲淹的名句「先天下之憂而憂,後天下之樂而樂」。它們都較好地回應了中國文化所理解的主觀幸福和最多數人,因此不妨把 utilitarianism 翻譯為眾樂主義(-ism 的翻譯先暫用主義,不然可譯為眾樂為宗)或樂天下主義。

Utilitarianism 自然不是萬能和唯一的倫理原則,重譯 utilitarianism 的意義在於,嘗試提醒中華傳統文化可能原本就有類似的意思,人們也能坦然面對個體趨利避害的本性,同時提醒組織者(政府)要考慮最大多數人的幸福感,不能被空泛的道德所綁架。如果眾樂主義或樂天下主義多少能起到這種作用,就是好的重譯。

「理想主義」與它的變調

嚴雋寧

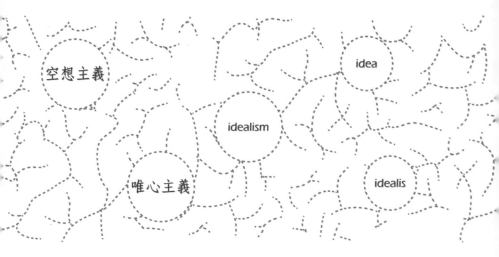

　　2009 年，時任全國人大常委、北京市政協副主席朱相遠在《北京日報》發表題為《不要濫用『理想主義』》的文章，指有人誤把「擁有崇高理想與信仰」的人稱為理想主義者。文中提到「理想主義」是隨着改革開放從西方傳入中國的詞，英文是 idealism，亦即唯心主義；唯心主義與馬克思的唯物主義相對立，而信奉「實踐是檢驗真理的唯一標準」的馬克思主義者是現實主義者而非理想主義者。根據該文，理想主義者的真正含義是空想主義者、空想家，因此作者建議修訂辭書，補上理想主義的正確解釋，以免以訛傳訛。短短一篇文章，出現了三個差異相當大的中文翻譯。從中文的字面意思來看，理想主義、唯心主義與空想主義予人很不一樣的觀感與聯想，但它們指向的卻是同一外來概念詞 idealism。

理型論

　　Idealism 一詞出現在 18 世紀，德國哲學家萊布尼茲（Gottfried Leibniz）用 idealism 來形容柏拉圖（Plato）看待現實／真相（reality）的方式。根據柏拉圖的理型論（Theory of Forms/Theory of Ideas），理型（form/idea）是純粹、永恆、完美而獨立的存在，我們只能通過思想理解它，至於感官所能接觸到的物質世界只是對理型的投射，並不真實。萊布尼茲把 idealism 與伊比鳩魯（Epicurus）的 materialism（相信所有存在的東西都是物質的）相對，簡單來說，idealism 就是認為現實／真相（reality）的本質是思想性的。因此，雖然 idealism 的字源是 ideal（理想）+ism，但其實它的本意和 idea（思想／理型）的關聯更大。事實上，英文裏的 ideal 來自拉丁文的 idealis，本意是存在於觀念之中，而 idealis 的來源正是希臘文與拉丁文中的 idea（idea 來自希臘文的 idein，意思是觀看）。

　　Idealism 的哲學概念發展下去，出現了不同的走向，比如說相信某種絕對真理客觀存在的 objective idealism（中文翻譯為客觀觀念主義、客觀唯心主義或客觀理想主義），及與之相對，把個人主觀精神視為一切存在之根源的 subjective idealism（中文翻譯為主觀觀念主義、主觀唯心主義或主觀理想主義）。此外還有強調人類使用語言來建構世界的 linguistic idealism 等等，切入點不同，但都指向通過意識接近現實／真相，或意識本身就是現實／真相。

執着理想，追求完美

如前所述，idealism 一詞由 ideal+ism 而來。不管是英文的 ideal 還是中文的理想，主要的意思都是符合期望、使人滿意及對未來的美好希望與想像。在中文的日常語言運用中，一個對未來充滿美好想像並為之努力的人會被稱為有理想的人，因此理想主義被直接從字面意思理解為擁有崇高理想與信仰絕不奇怪。同樣地，從英文的語言運用習慣來說，執着於理想，追求完美的人被形容為 idealistic，甚至 Oxford English Dictionary 對 idealism 的第一項解釋也是對完美的追求或不符現實的信仰，然後才是哲學層面的解釋。

若要瞭解不同翻譯用詞的側重點及其所引發的聯想與延伸，可以參照與之相對的概念詞。2009 年興起的網絡流行語「理想很豐滿，現實很骨感」生動地反映了理想與現實的反差，它們是一對時常用以相互參照的反義詞。正如理想主義者經常被理解為追求崇高理想之人，現實主義（realism）者也時常被用以形容集中關注可見事物的實際狀況之人。在藝術層面，現實主義（或譯作寫實主義）主張捨棄理想化的想像，盡可能準確、不加修飾地描述真實生活；在哲學層面，現實主義是與 idealism 相對的其中一個哲學概念，主張事物能夠獨立存在於思維之外。值得注意的是，不管是現實主義還是 idealism，在哲學上本來就是複雜而多變的概念。不同哲學家對同一哲學概念的演繹可以差天共地，比如說，上文提及 idealism 在字源上和柏拉

圖所說的理型（forms/ideas）息息相關，但是由於柏拉圖的理型論肯定理型真實並且獨立存在，因此他的理論既被稱為柏拉圖理想主義（Platonic idealism），也被稱為柏拉圖現實主義（Platonic realism）。複雜的哲學概念在日常對話中並不會被深入探討，當人們談及理想主義與現實主義的時候，指涉的往往是超越／符合現實的追求，而非宇宙、物質、意識，與及存在的問題。

唯心主義

　　提起唯心主義，自然會想起與之相對的唯物主義（materialism），又作物質主義。跟其他哲學概念一樣，作為一種哲學思想的唯物主義充滿流動性，可以籠統地指向種種相信世界上只有物質真實存在的主張與想法，其中在中國又最常提到馬克思的唯物主義。根據馬克思的歷史唯物主義，人類社會的物質經濟條件與生產方式決定了歷史規律。唯物主義除了是哲學思想，還可以是解讀社會狀況及其發展方向的方式，因此唯物主義與唯心主義孰是孰非不只是難以被證實的宇宙／存在／哲學問題，還是與社會組織及權力架構息息相關的歷史觀點問題。中國共產黨「黨史百科」上的「唯心主義」詞條，一開始便說唯心主義是與唯物主義相對立的思想體系，「它錯誤地回答了意識和物質，即思維與存在誰是第一性，誰是第二性的問題」。在這樣的語境中，唯心主義不是被獨立探討的哲學概念，而是與唯物主義相對的錯誤觀點，是「反動階級和保守勢力的世界觀，是反動階級維護其階級利益和對勞動人民進行精神奴役的工具」。

　　1992 年，新儒家學派代表人物牟宗三（1909-1995 年）在台北舉行的第二屆當代新儒學國際學術會議上發表演講，表示「徹底的唯物論表現過了，表現的結果是徹底失敗。將來中華民族的方向、歷史運會的方向必然是徹底的唯心論」，此說法引起震動。「徹底的唯心論」本來是當代哲學家沈有鼎的用詞，牟宗三將之釋述為徹底瞭解中國文化生命命脈後，進一步吸收西方科學哲學傳統而成的大綜合或大系統。牟宗三認為西方根本沒有所謂的唯心論，idealism 之所以被譯作唯心論，是因為共產黨把唯心和唯物用作一種價值標準，是「共黨的亂罵人」；牟宗三口中的唯心論是獨獨屬於中國的，是孟子所說的「良知良能」和「四端之心」、陸九淵的「宇宙便是吾心，吾心即是宇宙」、王陽明的良知、佛教的「如來藏自性清淨心」。他認為西方哲學 idealism 中的 idea 是心的對象，而不是心本身，跟中國哲學的「心」不一樣，所以徹底的唯心論「只有中國才有」。

　　如前所述，idealism 本身就是一個複雜而多變的哲學概念，西方學者在研究 idealism 的時候，也注意到中國哲學中一些類近 idealism 的思想，比如說王陽明（1472-1529 年）就被稱為中國的唯心（理想）主義哲學家（idealist philosopher of China）。作為宋明理學兩大學派（心學、理學）的代表人物，王陽明繼承了孟子對心這個字的概念化指涉，在他的心學學說中，心指的不是人體器官，而是一種既有感知功能，亦能作出道德判斷的主體。王陽明的講學語錄《傳習錄》中有「所謂汝心，卻是那能視聽言動

的」，就是說因為有了心，我們才能看、聽、說、動；甚至說離卻了心這個靈明，便沒有天地鬼神與萬物。這樣的思想固然與主觀理想／唯心主義有類近之處，而心學在中國哲學中自有其特殊脈絡，從孟子的「四端之心」延續下來，心還有強烈的道德功能。心即理、致良知和知行合一是王陽明心學的基本要義，其中心和良知有着密不可分的關係。「是非之心，不慮而知，不學而能，所謂良知也」，良知是一種至善的、接近天道、能夠判斷是非的主體。同時，「心無體，以天地萬物感之是非為體」，心的本體就是良知，中國哲學中的「心」並不只是一種意識或感知，更是道德判斷的根源與依據。

唯心主義雖然是 idealism 的中文翻譯之一，但是在中國社會特有的文化背景之中，有其獨特的意涵。不管是作為與唯物主義相對的世界觀，還是作為自成系統的哲學傳統中的一環，論及唯心主義時，所指涉的範疇及其引發的聯想都與理想主義不盡相同，甚至可以說各有各的方向。

空想主義

空想主義跟理想主義和唯心主義不一樣，它並不是一個被廣泛使用的翻譯詞。在哲學層面，提起空想主義，令人聯想到的並不是 idealism，而是空想社會主義（utopian socialism）。空想社會主義是 19 世紀流行於歐洲的思想學說，反對資本主義，主張建立釋放人類基本動力與熱情的烏托邦社會。從字面上說，utopian socialism 的中文應該是烏托邦社會主義，但空想社會主義所要強調的是，這是一

種處於空想階段的社會主義。縱然空想社會主義同樣強烈反對資本主義，但馬克思（Karl Marx）和恩格斯（Friedrich Engels）皆曾經批評這種想法對現實社會的物質條件缺乏考慮，難以落實；而把 utopian socialism 翻譯為空想社會主義，正正突顯了這樣的評價。

Idealism 與 utopian socialism 完全是兩回事，但是上文提到有論者認為 idealism 的真正意思是空想主義，這種說法與把 utopian socialism 翻譯為空想社會主義一樣，是一種帶有價值判斷的翻譯，強調 idealism 純屬空想，不切實際，不該像理想主義那樣指向正面的聯想。無論如何，從字源與思想內容來說，空想主義與 idealism 並無直接關係，亦不是被普遍理解與運用的哲學概念。縱然有論者稱 idealism 為空想主義，但是準確來說，空想主義是對 idealism 的一種看法與見解，而不是它的中文翻譯。

不同走向的解釋

Idealism 是一個根源於西方哲學傳統的概念詞，傳入中國以後出現了不同的翻譯與用法。雖然 idealism 作為哲學概念，探討的是如何看待現實／真相，然而在日常語言運用中，不管是英文的 idealism 還是中文的理想主義，都更傾向用來描述追求理想狀態的生活或思考方式。相對來說，論及唯心主義時，哲學討論的意味比較濃厚，然而，一方面是唯心主義往往作為一種特定歷史／世界觀被置於與唯物主義相對的語境之中，另一方面「心」的概念在中國哲學傳統中有着自身的脈絡與背景，因此唯心主義作為

一個中文翻譯概念詞，有着獨特的、超越 idealism 所涵蓋的意義與指涉。最後，空想主義進一步反映中文用詞如何在翻譯過程中添上評價與見解取向。一個概念詞的中文用法，勾勒出不同層面、不同時空、不同語境中的社會面貌與歷史背景，實在饒富趣味。

「精神」的健康與人文

方子聰

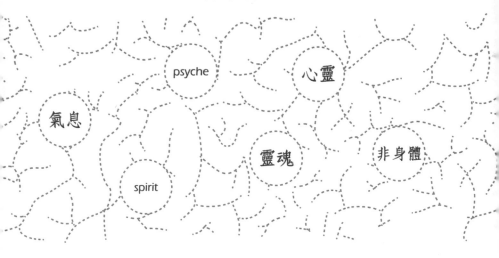

氣息　psyche　心靈　靈魂　spirit　非身體

　　若想瞭解現代中國人如何應用「精神」這個概念詞，在百度這個全中國最常用的網絡搜尋引擎中，可以找到接近一億的相關內容。而在首百個標題文字中，可以看到中國精神、人的精神、精神病、精神健康、精神衛生、航天精神、民族精神與文化精神這類字眼。若果嘗試把這類字眼區分出來，可以歸納出一類屬個人精神與心理健康層面的用語，另一類屬集體精神與人類文化層面的用語。若再用百度進行有關精神健康與人文精神的搜尋，會發現它們分別有大約五千五百萬及三千一百萬的相關內容；把兩者的數字加起來，則幾乎佔有與精神相關內容的八成多，這多少意味着，它們是現代中國人對精神的慣常應用概念。至於如何理解這兩類概念，就需作進一步區分討論。

　　根據新華網一篇《精神健康，你瞭解多少？》的報導，精神指心理層面，而精神疾病包括抑鬱症、精神分裂症、痴呆症、自閉症與智力殘疾等，有別於一般身體上的疾病，要從更內在的層面上去瞭解。雖然精神疾病與人腦神經有關聯，但精神仍要與身體有所區分，需從心理角度去理解。上海復旦大學徐培華教授在他的文章《人文精神是一種文化的自信》中表示，人文精神即人類文化最根本的精神或人類文化活動的靈魂，當中亦包含了民族、歷史、創新與現代精神。從此種概括性的論述之中，若單就精神這個詞的應用去理解，它是代表著整體人類的共同思想價值與信念，如身為國家的子民，就該要愛護國家，這似乎是每個人都應有的精神。而此種群體性的精神概念，與個體的精神健康與個人心理，究竟是對精神兩種截然不同的理解，抑或是彼此互有關聯，需要再作研究。

追本溯源話精神

　　說到人文精神與精神健康，都是近代才出現以至慣常應用的語詞。人文精神是英文 humanism 的翻譯，另一個中文翻譯為人文主義。上海復旦大學朱維靜教授《何謂「人文精神」？》的文章認為，在上世紀 90 年代《讀書》雜誌所討論的人文精神，就是西方的人文主義，而上海辭書出版社出版的《漢語外來詞詞典》一書指出，人文主義是從日語借來的現代漢語，即和製漢語。至於精神健康又如何呢？先說健康，它亦是和製漢語，晚清重臣張之洞曾言：「健康乃日本名詞，用之殊覺可恨。」那麼精神呢？這個詞在中國古代已出現，但現代對精神概念的理解已有相當

明顯的轉變，現代人所使用的精神這個詞，被普遍認為是和製漢語的產物。和製漢語的研究學者陳力衛教授在《東往東來：近代中日之間的語詞概念》一書中指出，在 19 世紀，日本人通過中國出版的漢譯西書來吸收西方知識，同時進行翻刻並加入日文譯註，最後借用到日語中。中國第一本英語字典，由西方傳教士馬禮遜（Robert Morrison）編著的《華英字典》亦有翻譯精神一詞，大意指精神狀態與活力等意思。由美國人編撰的《和英語林集成》是日語史上第一本日英對照辭典，它亦有日語「精神」羅馬拼音 sei-shin 的英文翻譯，有心理（mental）與精力（vigor）之意。之後日本人不斷吸取西方科學與文化知識，在日語的詞彙中加入了不少西方概念。在 1896 年的《和英大辭典》裏面，已收錄「精神錯亂」與「法律精神」等屬西方概念的用詞。及後大量留學日本的中國學生把這類詞彙帶回中國，成就現代漢語中的精神概念。但現代的精神概念，是否已完全脫離了古代中國人對精神的理解，抑或只是加以深化，讓人們更好地理解與把握精神這個概念？那就該從古代漢語精神的根源談起。

若然把精神二字細分，精這個字，古代法家管子有言「精也者，氣之精者也」（《管子‧內業 3》），其中的精指的是一種細微的氣 —— 精氣；管子接著再說「凡人之生也，天出其精，地出其形，合此以為人」（《管子‧內業 7》），這裏的精可以理解為來自於天，人是由精與形所組成。至於神這個字，道家亦有言「勞君之神與形」（《莊子‧雜篇‧徐無鬼 2》），此處將神形對舉，與早前將精形對舉的情況相類似，精與神似乎有一定的相通性。精

173

神兩字整體出現，可在《莊子·外篇》找到——「孔子問於老聃曰：『今日晏閒，敢問至道。』老聃曰：『汝齊戒，疏瀹而心，澡雪而精神……精神生於道，形本生於精……」（《莊子·外篇·知北遊5》），表示求道的方法需摒除雜念，讓心靈得以回復潔靜而純正的精神，而精神是生於一切萬物法則的道，形體卻生於精氣。在此，對古代中國精神的綜合理解為，它本有精氣之意，與萬物的有形之物有所區分。在道家的學理之下，它源於道，落入人體當中，不是指其血肉之心，而是與形體對舉，構成人非僅僅只有身體，還有精神的說法。

在西方，精神大多譯作 spirit，根據曾被牛津大學視為尋求詞彙起源的優秀工具書 Online Etymology Dictionary 指出，在 13 世紀，spirit 解釋為人與動物的活動或重要原則，在古代法語裏的 espirit 有精神與靈魂的意思，而這個詞是源自拉丁語的 spiritus，它有呼吸、風與神的氣息之意，在《聖經》裏亦有所提及：「上主天主用地上的灰土形成了人，在他鼻孔內吹了一口生氣，人就成了一個有靈的生物。」（《創世紀》2：7）在這裏可看出，古代西方亦把精神視為氣息來理解，並與灰土此種有形之物對舉，來說明人由此兩種元素所構成，而這一切的源頭來自於神，如此而言，古代中西方對精神的解讀，似乎有一種不謀而合的傾向。

精神概念的發展

Spirit 其實亦可翻譯為靈魂，古希臘哲學家對它亦曾有探討。柏拉圖（Plato）在《斐多篇》中說死亡只是靈魂由

肉身解脫出來，而希臘文 psyche 意指靈魂，此詞的來源亦有生命氣息之意。亞里士多德（Aristotle）視其為萬物的動因，他在《論靈魂》第二卷裏提到，靈魂的活動性有理智、感知、運動三部份，理智（nous）在希臘文有心靈（mind）的意思。而到 16 世紀，因着醫學科技的發展，人類對身體構造有了更深入的認識，有解剖學背景的近代法國哲學家笛卡兒（Rene Descartes）首次提出身心二元論，指出身體與心靈被視為物質與精神各自不同的領域。如此而言，在靈魂、心靈與精神交替互換的情況下，人們似乎仍難以把握精神的實際概念。直到 18 世紀，德國哲學家黑格爾（Georg Hegel）對精神現象進行徹底研究，把精神區分為主觀與客觀兩類。主觀精神指的是個人意識的形成和發展，當中包括表達其感覺的表情動作，與個人心理表現以至知性功能與自由意志。客觀精神是指人類社會的各個組成部份，例如展現道德的法律與國家等等，最後把主觀與客觀的精神綜合成藝術、宗教及哲學，成為最高的絕對精神。[1]黑格爾在此較清晰地區分出對精神概念的理解與應用的關係。到 19 世紀，精神分析學派創始人弗洛伊德（Sigmund Freud）將精神分析視為瞭解人類內在心靈運作的工具，並在意識之外，發現到潛意識的存在，進而發展出一套治療精神心理疾病的理論，這與現代的精神健康有相當密切的關係。

對 spirit 的瞭解，中國人由最初視它為非有形之物，到逐步從人的層面區分，一面指個體的心靈與意識，另一面

---

[1] 轉述自但昭偉文章《絕對精神》，此文出自《教育大辭書》。台北：文景書局，2000 年。

亦可應用到群體的法律與國家，以至從宗教與哲學上去理解。此種由西方引入的清晰劃分，使得中國人對現代的精神概念有這樣的理解，其實從古代中國的文獻之中，亦能追溯到類似的含義。如西方精神分析學上的潛意識，南宋理學家朱子曾說過：「畫則陰伏藏而陽用事，陽主動……夜則陽伏藏而陰用事，陰主靜……」（《北溪大全集‧卷六 11》）他以陰陽之說表明，人的精神在日間作用的是意識屬陽，在夜間作用的是潛意識屬陰，當中更重要的是它們看似對立，卻又彼此依存，互相影響。在精神健康方面，中國最早最具權威性的醫藥理論書《黃帝內經》說「恬惔虛无，真氣從之，精神內守，病安從來」（《黃帝內經‧素問‧上古天真論 2》），提及清淨內在心靈，減少虛妄焦慮，就得精神健康。

以上論述的是個人的心理狀態，根據黑格爾的區分，這被視為主觀精神。被黑格爾視為客觀精神的人類組成的文化學術思想，在中國是怎樣解說的呢？曾深受他影響的現代思想家唐君毅，在其著作《中國人文精神之發展》中認為，「一切學術思想，都是人的思想，一切文化，都是人創造的。因而一切文化之精神，都是人文精神」。影響中華民族至深的儒家思想——孔子強調人該有仁愛之心，朱子認為內在於人的天理是要求去除過分的欲求——皆為中國的人文精神。中華民族亦受到印度佛教的影響，吸納了追求出世解脫的思想，這一類屬超人文精神，非一般生活經驗所能認知，需透過學佛禪修，提升至更高的精神境界方能體會得到。說到這裏，似乎中國較着重豐富精神內

容，多於對精神作分析理解，其實不然，曾留學日本的近代著名文學與思想家魯迅吸納中西學術思想，對精神提出了較深入的理解與探討。他在《文化偏至論》裏面提到「非物質」與「張精神」的立場，強調主觀而內在的精神，才是創造客觀物質世界的根源，並批評現代人過分追求物質生活，而忘卻人的根本精神需要。魯迅對精神的理解，沒有採用黑格爾的思路，把精神以理性確立出客觀以至絕對精神，反而近似於叔本華的唯意志論，即肯定意志高於理性，更看重人的情感與意志，視它為精神的根本內涵。簡單而言，即肯定精神是人的主觀存在，而情感與意志才是達至最高精神理想的核心元素。

個體性與群體性的精神關係

到此，我們所理解的精神是與物質有所區分，而精神本身亦有主客觀之區別。至於要達至最高的精神理想，是依靠人的理性，還是更看重個人的主觀情感與意志，現在舉例加以說明。例如跑步賽事的勝負，通常會以最快到達終點的那位選手作準則，當有選手故意阻礙對手，而令自己最先衝過終點，會被認為不公平，因此需要設立一些客觀合理的準則並要求選手遵從，即以公平與誠實，盡自己最大的能力去競賽。這就是以人的理性所綜合出的體育精神，但在現實的情況下，即使人類思考到一套完美的體育精神標準，並訂立制度，盡量使選手能在公正的環境下進行競賽，仍然不能避免有選手心存僥倖，期望在避開別人發現的情況下，影響對手而讓自己得勝，因此不能完全依賴由理性所制定的守則來保證選手依從，更重要的是培養

運動員的人格素質，令他們由心而發，在尊重對手的情況下爭取勝利，此亦說明人的情感與意志對實踐體育精神的重要作用。

現在嘗試綜合以上的論述：精神是內在於個人的主觀存在，如情感、意識、思想與意志等等，從這類個體性的精神可推展出群體性的精神，如民族、國家等等。若要令群體性的精神能達至理想，就需要在推展的過程中，透過理性客觀的審視來建立，但在實現這類群體性的精神時，仍需依靠個人的情感與意志。

最後回到現代中國人有關精神這個概念理解的問題。它對人文精神與精神健康意義的涵蓋，雖是經和製漢語引入，亦是古代中國本有的思想，即以人為本的文化，強調精神生活，在享受物質生活的同時，也以精神需要作為根本，取其中庸讓個人以至社會得以健康發展。如此而言，現代的精神概念非但沒有脫離古代中國對精神本質的理解，反而是深化了它，使人更好地瞭解與把握精神這個概念，讓人類的精神生命更有品質，從而達至更理想的社會狀態。

「宗教」意涵的擴展

周偉馳

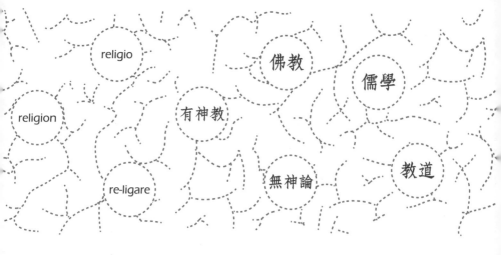

　　宗教這個詞，在中文裏原來是很少用的，即使用也不表達現在所謂宗教的意思。現在的宗教乃翻譯自 religion 這個西方文化的詞。現在來看用宗教對譯 religion 是否合適，也探討一下之前中國人如何表述宗教。

Religion 的發展史

　　Religion 來源於拉丁語 religio，但是 religio 的來源為何，卻有爭議。目前一般的看法，是認為 religio 源自 re-ligare，就是重新聯結、捆綁、約束的意思，主要的意思就是指神與人聯結，人受到神的約束。在羅馬人那裏，神是複數，是諸神，因為羅馬人崇拜的神很多。後來，基督教成為羅馬的國教，這個神就變成了單數的神，即上帝。依

179

照 religio 神與人聯結的這個意思，是指人跟神有一種契約關係，人受到神的約束。神是人之外之上外在的客觀實在，對人有強制的約束力。就這個本意來說，religion 譯為有神教或神教可能比較合適。

到了宗教改革後，西方基督教分裂，從天主教裏分出許多新的宗派，這些新宗派為了表示自己的信仰內容跟別人的不同，就以信仰告白的形式（confessions），將自己的信仰內容以命題的形式一條條列出來，這就是他們宗派的教義或教條。教義加上實踐的儀式、組織形式和生活方式等等，就成了五花八門的不同的宗派。在那一時期，西方人發現了新大陸，向海外大規模殖民，接觸到亞洲、非洲、美洲、太平洋等地的不同的信仰和崇拜形式。他們就根據自己宗派對信仰的理解，將這些崇拜形式稱為 religion。西方人當中的一些學者，根據基督教的經驗和傳統，認為 religion 一要有信仰內容即教條，二要有外在的實踐即儀式、組織等。這兩個主要內容是可以客觀表達出來並觀察到的。Religion 這個詞在這時就獲得了一種學術的、客觀中立的含義，可以作為研究的對象進行處理。印度教、佛教、道教，隨着 religion 作為一門學科建立起來，都成了西方人研究的對象。

當然，在傳統的基督教神學界，還是有一些人不承認基督教是 religion 的，他們認為自己是啟示，跟落後地區的崇拜文化不能相提並論。可是，大部份人已經開始把基督教本身也作為一種 religion，甚至作為 religion 的標準來

看待了。如果把基督教作為標準來制定 religion 的要素，當然是基督教有甚麼別的教也要有甚麼才能稱為 religion。比如基督教各宗派都有上帝、聖經、教義、實踐（情感、儀式、節日等）、教會，那麼別的教也應有對應的項目才能稱為 religion，否則要麼不能稱為 religion，要麼是不完全的、不充分的 religion。後來有些學者發現，別的教很難一一對應基督教，只要從功能上看就可以了。比如基督教起到了安慰人心、凝聚社會、扶助貧弱的作用，那麼，別的教即使在教義、組織上不像基督教那樣嚴密或正式，但只要起到這樣的作用，也可以作為 religion 來研究。

Religion 的漢譯史

在 religion 這個西方詞傳播和使用的過程中，出現了許多方枘圓鑿、「格義」附會的情況，對於中國的各種教，是否能被 religion 這個詞合適地表達或體現，不是沒有質疑的。現在 religion 在中文裏被通譯為宗教，這個譯詞是從日本傳過來的。現在簡要考察一下 religion 的漢譯史。

第一個來華的新教傳教士馬禮遜（Robert Morrison），在其《華英字典》中，把 religion 翻譯為教、教門，後來的傳教士也沿襲了這個譯法。他們提到中國的三教時，都是指儒教、道教、佛教，此外還有回教、天主教、耶穌教或基督教。在早期，他們有時把教（宗教）跟教化混同起來，後來就專門用教道指不同的宗教，而教化則指文明或文化。應該說，教道是一個比較合適的詞，可以對應 religion。

　　日本在明治維新前後，大量接觸到西學，當時日本的學者一般用漢字來對譯西方文字。在明治維新初期，日本學者發現歐美的 religion 很發達，到處都有教堂，認為歐美國力的強大跟 religion 有關，因此日本為了強大，也要加強 religion 的建設。一開始他們也用教、教門這樣的漢詞來對譯 religion，但又發現教門這樣的字眼跟邪教、異端、造反會黨有關，因此用另一個詞宗教來對譯 religion。日本正式用宗教一詞是在 1869 年跟德國簽訂的友好通商條約中，後來被廣泛接受和使用，在 1884 年的詞典中固定下來，成為通譯。甲午戰爭後，隨着清朝留學生大量湧入日本學習，這個詞也就傳到中國，成了中國關於 religion 的通譯。

　　明治維新時期的日本學者用宗教來對譯 religion，有他們自己對 religion 的誤解。他們對 religion 採取一種實用主義的態度，認為歐美的強大跟 religion 有關，religion 使人民有道德，有團結力，如果在日本能找到 religion（如佛教和神道教），或者在日本移植 religion（如基督教），則能使得日本強大。從思想上說，他們深受儒家「天命之謂性，率性之謂道，修道之謂教」的影響，認為不論採取何種教，只要能使人修養道德，實現天生的善性就是好的。這是把道德（首先是忠君）作為目的而把信仰作為手段，跟西方宗教把信仰放在首位，把道德放在次位是完全背反的。

中國傳統宗教（佛教）詞義之擴展

　　就宗教這個詞本身來說，中國早在一千多年前就已出

現，它指的就是佛教。在佛教漢文文獻中，教指佛本身的說教，宗則指各位論師的闡教。當宗和教並列使用成為宗教的時候，就指佛教所有宗派（五教十宗）的總稱了。[1]只不過，宗教用得不多，而且所指只是佛教。可以說，明治漢詞「宗教」改變、擴大了原先單指佛教一教的本意。同時要注意的是，明治漢詞「宗教」歪曲了古代漢詞宗教的本意，因為佛教是法教，雖然出於方便，為普通信眾塑造了菩薩、佛的像作為頂禮膜拜的對象，但就其教理而論卻是講理的，人人自身就有佛性，只要通過多修行，就能自行解脫，堪稱「自力得救」。佛教的教理本質上可以說是無神論，這跟 religion 的原義神教是不同的。但是，隨着宗教在不斷的使用中逐漸偏離和脫離原義（佛教），而被用來泛指一切信仰與崇拜現象和體制時，宗教一詞就獲得它的新生命，有了新的內涵和外延。在近代的語境中，明治漢詞「宗教」的本質，就在於它是 religion 的對譯，按照 religion 的標準來判斷和規範世界各地，主要包括中國，各種教是否具備跟西方的 religion（基督教）一樣的因素，起到一樣的作用，這就造成了一些理解和解釋上的問題。當然，問題的實質不是詞語造成的，而是當時的現實情境和思想視野造成的，但是詞語在這個過程中也有一些影響。

在明末清初的禮儀之爭中，耶穌會士一般認為，佛教、道教是宗教，但儒教不是宗教，跟基督教並不存在競爭關係。儒教之祭天祭祖，並不含有崇拜的含義，只是一種表示尊重的禮儀。多明我會等原教旨傾向的會士則認為，儒

[1] 印光著，釋傳印講記，《宗教不宜混濫論講記》（修訂版）第 29 頁，金城出版社，2013 年。

教也是一種宗教，基督教作為嚴格的一神論，不能跟儒教結合，不能容忍儒教的宗教實踐，不能讓中國信徒遵守中國規矩。

興衰與復活——宗教在中國不同時期的命運

在晚清，從 1807 年開始，隨着英國傳教士馬禮遜入華傳教，新教開始傳入中國。既然像傳教士所說（當時也有一些中國人在西方親眼看到了），西方的強大主要是因為有宗教（基督教），那麼，如果能在中國建設或維護宗教，那中國也能強大。[2] 抱着這種跟日本明治時期一樣的實用主義的態度，那時的中國知識份子對佛教、基督教傾注了熱情。尤其對佛教，因為它已經變成了中國化的宗教，人們很熟悉，研究鼓吹的人就更多。基督教則因為有洋教的色彩，接受的人不多。至於儒教，到底儒教是不是教，其實有爭議。支持儒教的人如康有為認為它當然是教，也有人認為它名為教，實為學，具有理性，不是盲目崇拜神明，如彭光譽。後來，隨着中國人對西方學問瞭解的深入，逐漸認識到西方還有哲學和科學，而神學（宗教）則已經過時，因此，有些人就不再認為儒教是一種宗教，而只是一種哲學了，比如梁啟超。到了新文化運動時期，陳獨秀等新一代知識份子（大多留過學），從西方學來啟蒙主義、理性主義、科學主義，就從新的學理上批判基督教和所有宗教，認為它們多是迷信、盲從，而不是理性、科學的，它們讓人服從教權神權，而不是讓人有獨立精神的民主的

---

[2] 葛兆光：《孔教、佛教抑或耶教——1900 年前後中國人的心理危機與宗教興趣》，《中國宗教、學術與思想散論》一書第 72-114 頁，復旦大學出版社，2010 年。

制度，這樣，新教文明論或宗教文明論就逐漸消失了。儒教在這種新的學術思潮中，被許多人認為不是教，而是一種學，反而有了一種優越性。相反，佛教、基督教，尤其道教，作為宗教總有其非理性、迷信的成份，是一種落後的東西，應該被淘汰。在 1922 年後興起的非基督教運動和非宗教運動中，中國知識份子確立了此後中國文化的發展方向，那就是要使中國強大，人民理性，就要拋棄淘汰宗教迷信思想，以科學、民主、理性、哲學和科學為指導。無論是國民黨還是共產黨，在思想上都是非基督教運動和非宗教運動的產兒，都是科學主義的信奉者。

自從 19、20 世紀之交由日本傳入中國以來，宗教一詞所指的對象在中國經歷了不同的對待。在晚清，宗教是一個被學者景仰的詞，人們認為宗教有助於建設文明，可以使國家強大。到了新文化運動和非基督教運動之後，宗教則成了一個含有貶義的詞，常常跟迷信連到一起，成了不理性、落後、使國家民族衰弱的東西，成了要被歷史淘汰和拋棄的東西。1949 年，在共產黨掌握政權後，國家大力提倡科學技術，壓縮和取消宗教，在文革中一度中斷所有的宗教活動。宗教雖然消失了，無神論的國家卻沒有見到強大起來，反而動亂不止，衰弱不息。

到了改革開放，政府恢復了宗教自由，各種宗教復活，甚至出現了基督教文化熱。在上世紀 80 年代，學術界還出現了「韋伯（Max Weber）熱」。之所以出現這個韋伯熱，與晚清時期傳教士的老問題相關，那就是，為甚麼現在最

發達的國家都是新教和基督教文明的國家？其發達跟宗教有無內在的關係？就這樣，將西方資本主義興起的原因歸結為新教帶來倫理變化的韋伯著作引起了人們的興趣。一些人甚至認為，中國要發展資本主義，要強大起來，就有引進基督教的必要，至少要有類似於基督教那樣的替代品，能起到同樣的功能。在韋伯熱的帶動下，一些海外華人學者的著作，如余英時的認為儒家商人也有類似於新教的倫理因而可以促進資本主義的著作，也在中國熱了起來。在這樣的時代氛圍中，宗教作為一種文化的存在，又成了一個中性詞甚至褒義詞，受到知識份子的關注。人們普遍認為，宗教使人有信仰，使人有道德、有團體互助的精神，宗教對於文化、文明、國家都有一種建設性的力量，具有正面的作用。特別是 20 世紀 90 年代以來，隨着亨廷頓（Samuel Huntington）文明衝突論將世界歸結為基督教文明、印度教文明、伊斯蘭教文明、儒教文明等幾種主要文明，認為它們之間的衝突將主宰着世界未來的發展，中國人也逐漸認識到並且相信，自己血脈裏還是有着儒教文明（外人也這麼看），這個根源無法根除。隨着九一一反恐，伊斯蘭教恐怖主義的全球化，亨廷頓的許多看法似乎得到了印證，中國國內的國學熱（以儒家為主）以及儒家經典熱的出現，也似乎驗證了一個新的儒教中國正在崛起。這時候，不管儒教是不是宗教，其作為教的功能似乎已經復活，不管中國人自己還是外國人都有這種印象。

教道比宗教更適合對譯 religion

總起來說，就詞的本義而言，宗教並非 religion 合適

的對譯，這主要是因為宗教本意是指佛教，而佛教是一種無神論，是一種講人要靠着自己的能力得救的法教，religion 的本義則指人受到神（諸神或一神）的約束，靠着神力得救，是一種神教，或拜上帝教。但是，一百多年來，由於宗教已經成了 religion 的固定中譯詞，已經被賦予 religion 的內涵和外延，人們也已經習慣用宗教來指稱世界各地形形色色的教的家族，並且早已經用這種新的含義取代了原意（指佛教），在這種情況下，儘管宗教這一譯詞有些問題，但在沒有找到更好的譯詞的時候，暫時可以勉強使用。

一個比較適合的替代的譯詞，我認為可以是教道。如前所說，晚清傳教士早期用教化混指作為宗教的教和作為文明教化的教，後來，他們逐漸用兩個詞來分指宗教和文明，宗教用教道，文明用教化。現在用的宗教和文明這兩個詞，看不出其中的聯繫。如果用教道和教化，則很直觀地看出其中的聯繫。教道可以說是從「修道之謂教」化出，所教的就是道，跟各教的大旨一致。教化則符合教之所化，對人民的心性有熏化作用，有提升人民文明程度的作用。

「文明」抑或教化

周偉馳

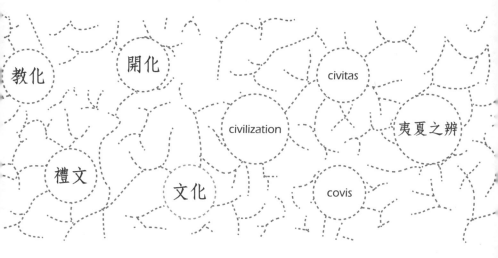

教化　開化　civitas　civilization　夷夏之辨　禮文　文化　covis

中國號稱「文明」古國，文明一詞自古有之，英語現代的對譯是 civilization。但兩者所涵蓋的意思是否一樣，會否張冠李戴，值得探究。

文明與 civilization 詞義演變史

據《漢語大詞典》，文明包括以下幾種解釋，當代中國人還經常在使用。

「文教昌明」：如漢朝的焦贛《易林‧節之頤》：「文明之世，銷鋒鑄鏑。」前蜀的貫休《寄懷楚和尚》詩：「何得文明代，不為王者師。」明朝的高明《琵琶記‧高堂稱壽》：「抱經濟之奇才，當文明之盛世。」魯迅《准風月

談‧抄靶子》：「中國究竟是文明最古的地方，也是素重
人道的國度。」

「社會發展水準較高、有文化的狀態」：清朝的李漁
《閒情偶寄‧詞曲下‧格局》：「若因好句不來，遂以
俚詞塞責，則走入荒蕪一路，求闢草昧而致文明，不可得
矣。」晚清的秋瑾《憤時疊前韻》：「文明種子已萌芽，
好振精神愛歲華。」老舍《茶館》第二幕：「這兒現在改
了良，文明啦！」

「新的，現代的」：《老殘遊記》第一回：「這等人……
只是用幾句文明的辭頭騙幾個錢用用罷了。」

「合於人道」：郭孝威《福建光復記》：「所有俘虜，
我軍仍以文明對待，拘留數時，即遣歸家。」

以上對文明的解釋跟 civilization 的意思較接近。據
《牛津高階英漢雙解詞典》，civilization 中文翻譯若是文
明，解釋是 a state of human society that is very developed
and organized；中文翻譯若是人類文明的生活，解釋是 a
place that offers you the comfortable way of life of a modern
society。

把 civilization 與文明對譯，主要來自日本。日本明治
時期的思想家，從漢語古籍中採用了文明兩字而改變其原

意，來對應 civilization。甲午戰爭後，其隨着中國留日學生傳回中國，成為被廣泛採用的對譯。

在晚清，來華的西方傳教士用不同的中文來對譯 civilization。比如一個長期在東南沿海傳教的德國傳教士羅存德（Wilhelm Lobscheid），就在其英漢字典中將 civilization 譯為教化和禮文。另一個德國傳教士，長期在廣東東莞一帶傳教的花之安（Ernst Faber），他寫了一本很有名的中文書，中文名叫作《自西徂東》，英名文就叫作 *Civilization: A Fruit of Christianity*。他在書裏將 civilization 譯為教化。Civilization 有時還被譯為開化。到了民國初年，civilization 才開始跟文明固定對譯。

那麼，到底哪些翻譯能更準確地傳達出 civilization 的本意呢？考察一下這個詞在西方的演變和在中土的譯法，是一件饒有興趣的事情。

英語的 civilization 來自法語，而法語來自拉丁語，最終的詞源在拉丁語的 civis（也就是 citizen，市民、城民、邦民）和 civitas（都市、城市、城邦），跟城邦、城市、都市、市民、公民有關。Civitas 指城市，市民都住在那裏，有共同的生活準則，有共同的利益和關切。

當 civil 後面跟上了 -ization 時，就表示一個「化」的過程，城邦化、市民化。從個人來說，一個鄉下人從城市周

圍的郊區和遠離城市的鄉村進入城市生活，從行為舉止、衣着打扮到腦袋裏裝着的知識和價值觀念，都開始發生改變，變得跟城裏人一樣。

在 18 世紀啟蒙主義時期，civilization 跟理性、進步掛上了鈎，表示一個社會進化到了很高級的階段，跟低級的社會拉開了距離。這個時候，civilization 意味着理性，它是跟野蠻、粗鄙對立的。在當時，一些思想家開始把人類社會按照進步與否以及進步的程度，將不同的社會整合到一個從低到高的等級秩序當中。他們認為，最原始、初級的社會是野蠻社會，如採獵、遊牧民族；農耕社會則是半文明半野蠻社會或國家，如中國、印度、波斯、日本、土耳其；工業社會則是文明社會或國家，如當時歐美的英國、法國、德國、美國等。當時一些到非西方國家傳教的傳教士甚至認為，西方之所以發達，是因為背後的基督教起到了關鍵的作用。他們認為，亞洲、非洲、拉丁美洲的野蠻社會或半文明半野蠻國家要擺脫其原有狀態，就應該接受基督教，先基督教化，然後才能逐步地成為 civilization 國家。他們把宗教譯為教道，認為宗教是決定一種 culture 或 civilization 是否先進的標準，這樣就可以理解，為甚麼他們要把 civilization 譯為教化了。他們跟啟蒙主義思想家是異曲同工，只不過將理性換成了宗教，作為 civilization 的標準而已。

中國本土有一個深遠的「夷夏之辨」的傳統，對於文明與野蠻也是有一套自己的標準的。中國人向來認為，自

己的文化要比周邊的國家高級，體現在國際秩序上就是朝貢制。中國對四夷採取懷柔的辦法，實行冊封制，象徵性地收取周邊小國的貢品，卻給予他們很多經貿的實惠，主要是為了維護「天下」的和平秩序。

晚清中國，出現了一批改革思想家。一些人跟基督教傳教士關係密切，接受了傳教士的教化等級觀。比如洪仁玕，他認為，為了使中國現代化，跟上西方，就應該先使中國基督教化，在教化上跟西方一致。這樣的人還有沈毓桂等，他們一般是基督徒。另有一些思想家，如康有為、梁啟超等人，也受到傳教士注重教道決定教化的影響，不過，他們將基督教換成了儒教或佛教，認為儒教和佛教經過改革和重新解釋，也能夠使中國的教化（civilization）發生改變，與西方並駕齊驅。

在日本明治維新前後，一些漢學素養深厚的日本思想家開始把 civilization 譯為文明、開化，如福澤諭吉的名著《文明論概略》就是這樣做的。後來他提出「脫亞入歐」的思想，跟他這種文明論有直接關係。清朝派到日本去的留學生，受了日本的影響，就開始頻繁地用文明對譯 civilization。他們回到中國撰文譯書辦報刊時，文明一詞就逐漸替代了教化這個舊譯法。

前面說到，晚清來華的傳教士除了用教化來譯 civilization 外，也用禮文來譯 civilization，這背後也是有邏輯的。Civilization 是城邦化、市民化，有一套城裏社會的

禮儀和文化，因此基本可以對應中文的禮儀、文化。

　　在 civilization（城邦化、市民化）的幾個主要翻譯中，教化有太重的傳教士氣味，跟教（教育、宗教、教道）捆綁在一起，卻跟原文中城邦、市民關係不大，並且，在越來越世俗化的今日世界中，教的作用越發晦暗不明，難以看出 civilization 跟宗教的聯繫。至於禮文，重在禮儀、禮節這些形式，只是強調了 civilization（城邦化或市民化）中的一個方面，不夠全面。那麼，文明一詞是否合適呢？文明一詞，最早指文采光明，始出於《易傳・乾・文言》：「見龍在田，天下文明。」據孔穎達疏解，「天下文明者，陽氣在田，始生萬物，故天下有文章而光明也」。不過，從這個始用詞來看，倒是跟人的社會活動關係不大，跟 civilization 之強調城邦化、市民化有異。

　　另一個譯詞開化倒是不錯。但是，開化之開，更給人開放的感覺，跟 civilization 所說城邦化、市民化關係比較曲折。鄉下人進城，接受城裏人的生活方式和習慣，是要有開放的胸襟，跟教化之強調教育不同，開化強調的是接受的一面，但跟 civilization 的本意似乎沒那麼密切。那麼，另一個詞文化又如何呢？中文的文化一詞乃是「人文化成」的縮寫，出於《易經・賁卦・彖辭》：「剛柔交錯，天文也；文明以止，人文也。觀乎天文，以察時變，觀乎人文，以化成天下。」意思是說人類經過對天然和社會現象的觀察，總結規律，加以利用，促進人類社會的福利，這裏面含有人類認識和實踐上的努力。雖然跟 civilization 中

對城邦化、市民化的強調尚有不同,但多少已跟人的認識能力和實踐能力相關,比如制定並遵守禮儀等。在漢語中,「文」跟「野」對立,亦跟「武」對立,文化則有逆野蠻化、逆武化的意思。但是,文化仍然不能完全傳達出 civilization 城邦化、市民化、公民化的完整含義。這跟中西傳統有不同的發展路徑有關。

今天,culture 一般譯為文化,這個詞跟 civilization 關係密切。有時人們在同等的意義上使用,但通常會將文明當作文化的最高階段,指一種高級的、精緻的文化。比如我們會說「要講文明」,這裏的文明就指一種合乎規範的行為舉止。而中文的文化,則指一種生活方式、習慣、制度或傳統,本身並不含有褒貶,比如鴉片文化、煙酒文化、纏腳文化。但是,文化這個詞被用得很濫,達到了寬泛無邊的地步。比如說一個人有文化,是說他經過教育,擺脫了愚昧無知,那麼行為舉止和視野胸襟就跟愚夫愚婦不同。總體來說,在現代中文中,文化用得最濫,泛指一切成套路的習慣、傳統、現象,比較具有描述性。而文明相對來說,指高級的文化,或文化的高級階段,含有褒義,是值得欣羨的對象。

文明與不必然導致衝突的文明差異

自從上世紀 90 年代美國政治學家亨廷頓(Samuel Huntington)提出文明衝突論以來,文明一詞就成為世界上非常流行的詞。文明衝突論現在變成一種話語方式和意識形態,在最近的中美貿易衝突中,甚至有美國官員

將兩國的衝突上升到文明衝突和種族衝突的高度。亨廷頓吸收了韋伯（Max Weber）、湯因比（Arnold Joseph Toynbee）等人的觀點，認為文明以宗教為核心，歷史上存在着一些主要的、大的文明，它們彼此之間由於價值觀、知識視野、認知和利益上的差距，可能產生衝突。尤其儒家文明、基督教文明和伊斯蘭教文明，將是主宰未來世界的三大文明。在這幾大文明的邊緣地帶，會出現一些武裝衝突。許多人認為，亨廷頓的理論部份地在九一一事件及其後的伊斯蘭教恐怖主義中得到驗證，因此，他的理論比日裔美國學者福山「世界將終結於自由民主」的樂觀主義更具有穿透力。跟 18、19 世紀的文明等級論不同的是，亨廷頓的文明更具有文化的平等觀，他並不認為西方文明（或基督教文明）高人一等，認為它只是世界幾大文明中的一個而已。其在最近四五百年佔有優勢地位，並不是因為它更有道德和價值地位，只是因為它更有力量，比如武裝先進和經濟更發達而已。在跟西方的接觸和衝突中，其他文明的人會更加意識到和加強自己的文明身份。應該說，近些年在中國等地傳統文化的復興，在一定程度上驗證了亨廷頓是有預見性的。但是，文明之間雖然有差異，卻不必然導致衝突，因為除了文明之外，還有經貿、科技、地緣政治等各方面的因素，決定着國家之間的互動。只能說，亨廷頓讓人們意識到，在現實利益之外，國家之間還有價值觀（尤其宗教）上的差異和衝突，應該予以關注，為減少衝突、促進世界和平而努力。

總體來說，由於文明、文化、教化、禮文、開化都不

能完整地體現 civilization 的城邦化、市民化、公民化的意
思,而在現實的使用中,文明又成了 civilization 的固定譯
詞,人們業已接受文明的現代含義,那麼,相對來說,接
受文明這一譯詞是可以的,但要指出,據《漢語大詞典》
的幾種解釋,文明並沒有包括城邦化、市民化、公民化的
意思,大家使用文明與 civilization 對譯時要加以留意。話
說回來,civilization 的當代解釋也沒有強調這個詞源頭的意
思。

～「主義」考

林同飛

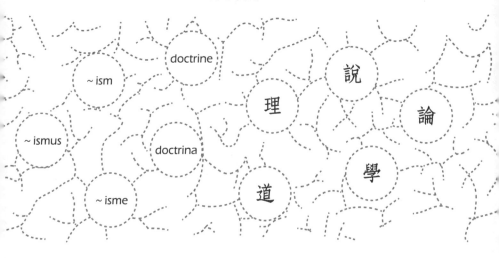

　　上個世紀初，胡適曾發表過一篇文章，名為《多研究些問題，少談些主義》。文章提到，「凡『主義』都是應時勢而起的。某種社會，到了某時代，受了某種的影響，呈現某種不滿意的現狀。於是有一些有心人，觀察這種現象，想出某種救濟的法子」。清末民初，正是社會動蕩不安之際，伴隨着船堅炮利的西學東漸中土，讀書人談各種主義以匡世道蔚為成風，這也就成了胡適筆下「有心人」泛談主義現象的出現。

主義與～ism 部份概念相對應

　　主義一詞古已有之，但古今含義有所不同。根據《漢語大詞典》對主義所給的解釋，該詞包含七種意思：（1）

《逸周書》中解作謹守仁義的「主義行德曰元」；（2）《史記》中解作主張的「敢犯顏色、以達主義」；[1]（3）梁啟超《與林迪臣太守書》中解作主體的「當以政學為主義，以藝學為附庸」；（4）楊樹達《積微居小學述林》中解作詞解為主的「謂《爾雅》主義，《說文》主形，《切韻》主音」；以及近代引入的今義，包括（5）形成系統的理論學說或思想體系；（6）一定的社會制度或政治經濟體系；（7）思想作風。前四種為古漢語所用，除（3）外，其構詞形式皆為動賓結構，而只有（3）作為「主體」之義屬偏正結構，這裏的主義與後來用作翻譯西方 doctrine 或 ~ ism 等概念的主義同屬偏正結構，不過前者是詞，後者是短語中的一個中心詞。使用該中心詞配以不同的定語，可表達與（5）、（6）及（7）有關的概念，亦即胡適文中所說的主義了。

當然，正如胡適所講，「世間沒有一個抽象名詞能把某人某派的具體主張都包括在裏面」，那麼主義一詞是否英語中 doctrine 和 ~ ism 最佳的對應概念？這是很值得探討的。Doctrine 一詞源自拉丁語 doctrina，字面意義為教導、教育、學習、學科，與 doctor（教師）或 docere（教學）等詞同源。在中世紀，該詞多用於宗教語境，被理解為基督教的基本信仰及原理，並譯為漢語的教義或教理，如 *De doctrina christinana* 譯作《論基督教教義》，並於 1350-1400 年間經法語首次進入中古英語，成為 doctrine。《天主教英漢袖珍辭典》中對 doctrine 作這樣的解釋：（1）教

---

[1] 此處書中解作「對事情的主張」，但根據古漢語中該詞的使用習慣與前文後理，應理解為「使主上言行合於道義」，見司馬遷《史記註譯解》，北戴河出版，2016 年。

義；教理；道理；信條；教誨，指教會的訓示，是以基督（導師）所傳授的教誨……福音的救贖喜訊為主題，有系統地闡釋基督宗教的教義；（2）學說；學理；主義。其拉丁文為 doctrina。1999 年天主教與新教會就不同教義所發表的 *Joint Declaration on the Doctrine of Justification* 則譯作《關於稱義教義的聯合聲明》。

　　隨着時間的發展，doctrine 的應用從宗教擴展至哲學、政治、法律、軍事各個領域，其對應翻譯亦從教義、教理、教條，根據不同的文本而譯作原則、主義、學說或信條等，例如哲學領域中的 The Doctrine of Freud 譯作佛洛伊德學說，政治領域中的 Truman Doctrine 譯作杜魯門主義，法律領域中的 Fair Use Doctrine 譯作合理使用原則等。1913 年出版的《英華日用字典》將 doctrine 理解為 something taught（教旨）及 a principle（主義或道理），並將 Munroe Doctrine 譯作門羅主義。這種譯法與作為後綴詞 ~ ism 的主義同時於清末民初傳入中國，成為現代漢語的一部份。當然，這裏值得強調的是漢語中的主義，立足於人而不是神，主要對應的是英語 doctrine 一詞在政治領域中的使用，所指涉的是某人或某群體的主張、思想或學說，而其相關概念原有的神學或宗教意義則由教義一詞所承擔。

　　再看看主義的另一個對應概念 ~ ism，~ ism 源自於古希臘語詞綴 ~ ismós 或 ~ isma，並經拉丁語的 ~ ismus 及法語的 ~ isme 進入中古英語。在古希臘語中，該詞綴主要

用於構建具有動詞特性的名詞，如 baptismós（浸漬），以表達某一群體的風俗或行為習慣，而到了拉丁語，則多用於宗教或哲學流派，如 chrīstiānismus（基督教世界）。根據《牛津英語詞典》對～ism 一詞所作的解釋及相關用法的起始年份，14 至 16 世紀英語中的～ism 與希臘語和拉丁語有雷同之處，這包括：（1）1300 年出現的 baptism（浸禮）和 1528 年的 aphorism（格言）和 1607 年的 criticism（批評），與某動作有關的名詞，而其原動詞的後綴通常為～ize，以表示動作的過程、完成或其結果；（2）1560年出現的 Lutheranism（路德教）、1570 年的 Calvinism（喀爾文之教義）和 1606 年的 Protestantism（新教），與某一宗教系統有關的名詞，而該名詞有時源自其主題、對象或創始人的名稱；（3）1578 年出現的 atheism（無神論）和 1589 年的 ruffianism（流氓行為），與某一群體的行為、現象或其思想狀態有關。

直至文藝復興，也就是歐洲文明進入另一階段的時候，人類的科學技術、文學藝術、社會思想都有了新的景象，～ism 的應用也隨之進入新的領域，這包括：（4）表示醫學概念的 albinism（白化病）、alcoholism（酒精中毒）；（5）表示語言特色的 archaism（古風）、colloquialism（俗語）；（6）表示偏見的 ableism（殘疾人歧視）、sexism（性別歧視）；（7）表示各種學術流派、理論或意識形態的概念，如 impressionism（印象派）、atomism（原子論）、feminism（女性主義），以及前文所提與政治有關的 doctrine 或 principle。這個時期的西方社會，各種思潮

湧現，各種 ~ ism 自然應運而生，並經日本，大量被漢語吸收成各式各樣的主義，影響至今。

這裏有兩點值得注意：一、與 doctrine 情況類似，漢語中的主義只相中 ~ ism 的部份概念，而這些概念多與政治、社會領域有關，亦即上文的第（7）類解釋；二、與 doctrine 及 ~ ism 相關的概念先由日本人翻譯成各種主義，然後再傳入中國，這就是一般人所說的「和製漢語」。主義作為和製漢語的成員，據《明治のことば》作者齋藤毅（Takeshi Saito）考證，早見於 1878 年日本記者福地源一郎的作品，而 1881 年出版的《哲學字彙》亦同樣以主義一詞翻譯 principle，可單獨使用。與此同時，該書亦收納不少作為後綴的 ~ ism 所構成的詞條，包括 federalism（聯邦主義）、egoism（自利主義）等，但必須指出的是，書中的 socialism 和 communism 等詞當時仍譯作共產論和社會論。1883 年出版的《附音插圖英和字彙》和 1886 年的《棚橋英和雙解字典》也將 socialism 解釋為社會論、交際之理、眾用之理／道，這情況與早期中國以理、道、論、學等詞對譯 ~ ism 概念相似，如京師同文館和康有為分別將 socialism 翻譯為均富之說和人群之說。

清末民初的泛主義時代

據研究，那時候的後綴 ~ ism 雖未完全統一翻譯為主義，但通過瞭解同期日本雜誌使用主義的頻率，大抵已知該詞的普及及發展之迅速，而在 1909 年出版的《大清光緒新法令》一書中，使用主義一詞六十多處，可見該詞

於 19 世紀 90 年代中期的中國亦相當流行。就統計《中國近現代思想史專業數據庫》中主義的種類而言，1903 及 1919 年分別迎來了兩次高峰。以《清議報》（1898-1901年）為例，從第一冊的「整定官制為主義」到第九十冊以後，圍繞國家主義、民族主義、帝國主義的討論不斷增加，而當時的帝國主義與現在的含義有所不同，其定義為「帝國主義者謂專以開疆拓土擴張己之國勢為主即梁惠王利吾國之義也」。再看中國的《大成老舊刊全文數劇庫》，報刊上的主義從 1903 年的厭世主義、民族主義、殖民主義等共七種，均來自日本，至 1919 年的樂觀主義、輔導主義、結婚主義等共 46 種，其中 11 種是中國獨有的，並隨時間推移不斷增加。

那是一個泛主義的時代。那個時代的中國及其所使用的主義，求的未必是西方哲學系統中相關概念的精確和嚴謹，而是通過引進「主義」達到治國之病的效果。再者，主義從日本傳入中國，正值文言轉向白話文之際，該詞與其他「和製後綴」一樣有了新的土壤，有了自己的生命力，所以構建出不少獨創的主義，如與輔導之類的動詞進行組合而形成新詞，即原文中不帶～ ism 的詞也會以主義的形式表達。有學者認為，當時國人有意識地選擇及接受主義一詞，而不是～之道等更符合古文的譯詞，其目的就是要突顯一種外來的、新的意識形態，一種可以取代傳統儒家思想的意識形態。把個人意見或學說「主義化」成為一個「正名」（陶孟和語）的過程，而正名本身符合國人尋求合理化及正當性的思維方式。以梁啟超為例，梁氏輸入及

創造大量的主義，見其所翻譯的《佳人奇遇》，各種主義都不一定有嚴格的定義，但卻可以產生一種心理作用，或稱之自我暗示的作用，所以他在《新民說》中提出「其徇其主義也，有天上地下惟我獨尊之觀」。

史學家王汎森在《「主義時代」的來臨——中國近代思想史的一個關鍵發展》中對那個特殊年代的主義進行了歸納，其中幾個特質值得注意：他指出（1）「大體而言，人們認為『主義』是一種進步的有益的東西。主義可以使一切努力及活動有一個定向，不致渙漫而無所宗」；（2）「『主義』帶有道德色彩，是對抗污穢、懦懦的利器」；（3）「『主義』往往與進化、公理的觀念相聯，所以在宣稱自己的主義之正當性時，常常加上進化、公理、最新潮流、真理等概念」。所以在那個年代，把概念主義化亦即合理化，而這些主義化後的概念帶有很強的獨斷性和排他性。有了主義就有了真理，所以「有主義比沒有主義好」（傅斯年語）。當然，就在這樣一個大背景下，有了胡適的《多研究問題，少談些主義》，而民國也進入了一波又一波「問題與主義」的論爭。

擁護「問題」的人認為要處理中國的問題，要從個人着手，而且問題要一個個解決，因為沒有一個單一的「主義」可以解決所有問題；相反，擁護「主義」的人認為解決問題要從社會入手，視社會為一個有機的整體，而且要信仰單一的「主義」。在這場論爭中，有意思的是，毛澤東就是一位從「問題」陣營轉向提倡「主義」的人。1919

年，他籌建問題研究會，並在章程中提出「問題之研究，須以學理為根據。因此在各種問題研究之先，須為各種主義之研究」。到了 1920 年，受到俄國大革命的影響，他在《湖南建設問題的根據問題——湖南共和國》則總結「俄國的旗子變成了紅色，完全是世界主義的平民天下」。至於孫中山，也是另一個有趣的例子，從 1912 年成立國民黨有關他的「三民主義」，黨綱裏只有「採取民生政策」一條，到 1924 年演講「三民主義」，他的講辭開頭即說「主義就是一種思想、一種信仰和一種力量」。後來，孫中山的追隨者進一步將主義、黨、軍隊三結合，成為執政者把握話語權的象徵。這也就解釋了進入新中國時代後，為甚麼帝國主義會從梁啟超筆下的救國之道淪為被打擊的對象。這時候的主義也就因為執政者的意識形態差異有了截然不同的際遇。

　　從清末民初的主義時代到新中國的社會主義，主義從道德的神壇走向了政治的人間。這種生命軌跡與 doctrine 和 ~ ism 在西方社會所經歷的迥然有異。如果問漢語中有沒有比主義一詞更能對應 doctrine 和 ~ ism 的概念而又符合漢語的規律，筆者認為這可能不是一個簡單的翻譯問題，而是一個文化範式的選擇問題，正如一百多年前國人在之道／理／學／說／論與主義之間的選擇。如此，主義之考對於大家來說，會否又是另一場文化苦旅？！

「哲學」——愛智的行為

周偉馳

　　哲學這個詞，在中國古代是沒有的。哲學是對西方 philosophy 一詞的翻譯。哲學一詞能否涵蓋以至適用於中國的傳統學術體系，值得探討。

　　Philosophy 這個詞，來自希臘語 philo（愛）和 sophia（智慧）的組合，就是愛智慧的意思。在希臘語中，講到學說的時候，一般要加 logia（logy）或 nomy，比如 theology，就是神（theo）＋ logy，即神學。Ontology，就是存在（onto）＋ logy，即存在論。再如，economy（經濟學）、astronomy（天文學）也是如此。不過，愛智慧後面卻沒有加一個 logy 或 nomy，愛智慧更像一種行為，並不是一門「學」。

說到學的時候，一般指具體的學科，它們有自己特定的研究對象，比如社會學是研究人類社會運作和構成的原則的。但是，愛智慧卻似乎沒有自己特定的研究對象，直到今天，從事愛智慧的人仍在為自己搞的這種東西到底是甚麼、應該研究甚麼而爭論，就是說，它到底應該不應該成為一門學科都是一個問題。可以說，這是一門特別奇怪的學科，不知道自己的研究對象是甚麼的學科。看來，用哲學來翻譯 philosophy 似乎是一個誤譯，有兩個錯誤，一個是沒有把愛智慧中的愛翻譯出來，漏譯了；一個是把學加了進來，畫蛇添足。

哲學不是學說是活動

我們可以看到許許多多的 philosophy 方面的書，有德國的、法國的、印度的、日本的、中國的。從內容範圍來說，有形而上學、認識論、倫理學、語義學，近些年還有討論得很熱烈的宗教哲學、政治哲學、技術哲學。不過，如果仔細看進去就會發現，philosophy 似乎和自然科學不一樣，自然科學是有結論的，經過實驗，一個問題解決了就是解決了，後來的人在此答案的基礎上繼續前進，可 philosophers 似乎永遠在那裏爭論着，比如關於自由意志是否存在、自由意志跟決定論到底甚麼關係，一兩千年來人言人殊，沒有定論。Philosophy 似乎只有提問、猜想、論證，不能像科學那樣通過實驗來證實自己的意見。但跟神學又不一樣的是，philosophy 是根據正常的人都有的自然理性來論證和爭辯的，而不是根據教會的權威、聖經的權威或教條來爭辯的，因此，philosophy 又似乎特別理性，沒有

迷信。可是,為甚麼特別理性的這門學科,卻又很難達成一致的結論呢?

在歷史上,關於 philosophy 研究的對象是甚麼,有過不同的嘗試。從傳統來說,中國與西方的哲學有所不同。牟宗三在《哲學十九講》中說,中國哲學的主要課題是生命的學問,主要以生命為對象,在於如何來調節我們的生命,來運轉我們的生命,來安頓我們的生命,而西方希臘的哲學傳統開頭是自然哲學,同時也開了科學傳統。

人類最早的一批哲學家,研究的是宇宙、世界的本源,地、水、火、風、氣都被提了出來。後來有人說世界背後是數在支撐,世界按數學的規律運轉,又有人說世界是按照純粹的模型造出來的,真實的世界是理想模型。但到底真實的世界是甚麼,是在天上還是在地上,人們又爭論不休。到了這時,有人又對自己的認識能力提出疑問,認為人類的認識能力有限,並不能認識到世界的本源和真實面貌為何。到這時,philosophy 的研究對象又跑到人自己的認識能力和結構上了。在對認識能力的考察中,人們逐漸認識到語言的作用,對於語言和思維能力的關係,語言和外部世界的表達關係,產生了新的疑惑,這時,philosophy 的研究對象又跑到語言上了。在對人自身的興趣中,對個人如何思維、個人的行為和社會、國家的構成的關注是始終不缺的。個人行為如何與他人協調,如何產生道德、倫理的觀念和實踐,又如何組成良好的社會,形成國家良治,等等,成為專門的研究。這些研究的興趣,久而久之

就產生了具體的學科，比如物理學、邏輯學、倫理學、心理學、社會學等等，都從原來很大的 philosophy 的地盤裏劃分出去，獨立了。在牛頓的時代，物理學還在 natural philosophy 領域之內，可是今天，物理學是一門完全獨立的科學。現在，談到 philosophy 時，還能劃歸到它門下的所謂二級學科，還有認知與邏輯學、宗教學、倫理學、美學等。但是從長遠看，認知與邏輯學、宗教學這些學科都遲早要獨立的。那麼，所謂的 philosophy，到時會剩下些甚麼呢？有人認為，哲學是對所有學科的總結和概括，是人類思想的大一統，在中世紀的湯馬斯・阿奎那（Thomas Aquinas）時代，或 18 世紀啟蒙運動的時候，這或許還有可能，可是在今天這幾乎是不可能的，因為「知識爆炸」後，知識的門類和學科太多，不可能有大一統的、無所不包的學科。在黑格爾的時候，要把一切學科囊括起來，就已經非常吃力了。有人認為，哲學是時代精神的反映，這在今天也不大可能，一是今天是多元社會，眾聲喧嘩，很難說某一個學說能成為時代精神，而別的聲音就不能。另外，能夠反映時代精神的，可能往往不是哲學，而是雜文、散文、社論、微博和微信，跟哲學沒有太大關係。有人說哲學史是對思想史本身的一個反思，如中國哲學史、西方哲學史、印度哲學史，對歷史上出現過的哲學思想進行總結與推陳出新，這倒是有了穩定的研究對象，但可能成了鑽故紙堆。現代科技日新月異，恐怕古代哲學史的研究會落後於時代。有人說要面對新問題，比如當代人工智能問題、基因工程中的倫理問題。不過，哲學家並非科學家，不掌握專業技能，他們的立足點在哪裏呢？哲學家似乎並

沒有自己的專業技能，他們只是靠提問和猜想，提出解決方案的點子，提出規範來生活，一句話，哲學家沒有自己的專業，他們只是出於關心來提問、質疑和提出參考意見，這更接近於愛智慧的本意：追求明智、知識、智慧，熱愛提問，但並不成為專家，並非某一個專門的學科或科學的研究者。對於他們來說，有結論固然好，沒有結論也無所謂。他們滿足了人自然而然具有的求知欲，對萬事萬物都要探個究竟，但並不固步自封，劃地為科。從這個角度看，philosophy 中的愛可能更加重要。對智慧的愛，使我們關心自己和世界，對於新出現的現象加以提問，促進自己和公眾的關懷，使人能夠鑽研進去，結晶為一個個具體的學科，但是這個愛本身卻不停步，不斷地到處跑，可以說它就是人類的好奇和理性本身，是一個不停頓的活動，而不是一個結果。

哲學這一譯詞的前世今生

那麼，這個導致許多人對 philosophy 產生誤解的哲學，是怎麼翻譯出來的呢？

在明末清初，耶穌會士來到中國到處傳教。為了打開局面，他們優先瞄準知識份子傳教。為了說服知識份子，他們教授西方的天文學、地理學和數學等學問，這叫作以學輔教。在這個過程中，他們介紹了當時西方的學問，當然也有介紹 philosophy。他們意識到 philosophy 跟中國的學問不同，因此很多時候採取音譯的辦法，也有時將它跟宋明理學比附，稱它為理學。但由於當時學習西方學問的

人很少，因此，這些譯名都沒有流傳開來。

　　日本明治維新前後，日本人對於西方知識產生了強烈的需求和興趣。明治維新前，幕府向當時日本唯一友好的國家荷蘭派出了一些留學生，其中的一位叫西周。西周有很好的漢學根基，在面對荷蘭文和西方文字的 philosophy 等詞語時，反復加以思考和修改，確定了新的漢譯。對於 philosophy 一詞，他曾經先後譯為儒、儒者、希哲學、斐鹵蘇比（或斐魯蘇非）、哲學，最後固定為哲學。他說：「哲學原詞英文為『philosophy』，法語為『philosophie』，從希臘語熱愛『philo』的『愛智者』、『愛賢者』的詞義派生而來。其學問稱作『philosophy』，正是周茂叔所謂的『士希賢』之意。後世在沿用此學問時專指其為講『理』之學，雖然有人將其直譯為『理學理論』，因為尚有諸多其他的說法與稱謂，因此將其譯為『哲學』，用以區別於『東洲的儒學』。」（1873 年《生性發蘊》）。後來他又說：「本譯中所稱哲學，即歐洲儒學也。今譯哲學，所以別之於東方儒學也。此語原名斐魯蘇非，希臘語。斐魯求義，蘇非亞賢義，謂求賢德也，猶周茂叔所謂士希賢之義。」（1877 年《譯利學說》）。[1] 周茂叔即宋明理學創始人周敦頤。這裏西周說蘇非（sophy）是指亞賢，即次於賢，也就是哲。為甚麼不譯為希聖學或希賢學？有人認為，這是因為聖、賢都指一種性質和狀態，而哲指知或智，是名詞，因此，希哲更合適。其實，在古漢語中，聖一般指政教合一的聖王，從耳從口，從上天得到啟示，又用口對眾民宣示，是王，既有德又有事功。在《論語》中，孔子不敢自稱聖，

[1] 孫彬：《西周的哲學譯詞與中國傳統哲學範疇》第 21、36 頁，清華大學出版社，2015 年。

認為只有堯、舜、禹這樣的聖王才能達到。孔子的後學雖然稱孔子為聖，但也只能說他有德但無位，孔子最多是素王。因此，對於普通人來說，希聖是不現實的。聖是完美之人，智德位全備，遠遠超出 philosophy 中的智。至於賢則次於聖，指有賢德有才能的人，如孔子弟子三千，賢人七十有二。賢人除了有才能外，還要有賢德，而 sophy 僅指智。中文中，聖賢指聖人和次一等的賢人，賢哲指賢人和次一等的智者。西周所謂亞賢就是指哲人，即智者。哲字，從口從折，形聲字，折聲，本義就是智慧，指知或智。知、智古文中通用，是一個名詞。這樣，希哲學就相當於追求智慧的學問了。（希有追求、追慕、希望、希求之意。）希哲正好對應於 philo-sophy。

如果按照 philo-sophy 的本義，譯為希哲就好了，為何西周又把希哲搞成了哲學呢？一來是為了跟儒學對稱，因此要加一個學字；二來在當時日本的譯法，習慣於將窮物理之學這樣的譯法省略為窮理學，再省略為理學，因此，希哲學最後也就成了哲學。相對於 philo-sophy，不僅丟掉希（愛），而且加了一個學字，給人一門具體學科的印象。跟當時的儒學、理學躋身，也跟後來的化學、物理學、心理學、經濟學等並列了。

愛智是行為——回歸 philosophy 的本義

近代以來，人類學問最大的進步就是自然科學，它以實驗和數學為手段，取得了可積累的結結實實的知識。後來，出現了所謂社會科學，模仿自然科學，對人類社會自

身以數學和實驗的方式加以研究，但是，由於人類有自由意志，因此，只能達到部份的成功。在這種情況下，對於人類知識的整體，就出現了今天的三分法：哲學與人文學科、社會科學和自然科學。人文學科中的文學、詩歌、藝術，亦跟哲學有所不同。看來，哲學的獨特性仍舊存在，難以歸類，這恐怕跟它最喜提問，沒有固定研究對象，只憑理性自由自在地喜歡智慧有關。在這種情況下，不將它稱為學可能更恰當，回歸它原來的含義，愛智慧更為恰當。如果要用比喻來說明它，那只能說它就是人類的存在本身，人是高於其他動物的理性的存在者，其存在的過程就是一個理性不間斷地活動的過程。人對世界、他人、自己不斷地好奇、發問、探究、鑽研、懷疑，想要弄出個「究竟」，一旦獲得了一些知識，就接着往前往深處去，而不固守於一個地方。至於各種具體學科，只是這個理性存在者好奇與疑問過程中結出的一些成果而已。

因此，我覺得，將 philosophy 譯為嚴格對應、原汁原味的「愛智」更好。愛強調了熱情、情感和意志的因素，如果缺愛，philosophy 就會變成一堆沒有熱情的知識，體現不出人類作為求知者的形象。魯迅就喜歡用「愛智」這一詞語，在《墳·人之歷史》說「夫德意志為學術淵藪，保羅生亦愛智之士」，在《科學史教篇》說「而學校亦林立，以治文理、數理、愛智、質學及醫學之事」。

現在，常常看到一些沒有熱情的專家學者，因為謀生才從事哲學這門學科，把哲學變成了一種知識來傳授，其

實哲學最不應該成為一種固定的、有結論的知識，而應該成為一種熱情的生活態度。智則不是固定的、專門的知識結論，而是轉識成智、智慧的智，意味着人生的智慧，人與世界、他人、自我相處的智慧，這可以是一種道德智慧（如蘇格拉底和柏拉圖、亞里士多德想達到的），也可以是一種治國平天下、世界治理的智慧，是一種大知。「愛智」是一個過程，是一種熱情的生活態度，兼具理性與情感，超越各門專業知識，跟謀生的負累不同。在古代，它跟閒暇、跟貴族連在一起，因為那時，只有貴族和僧侶才有閒暇和條件思考超出日常生活的根本的問題。在今天，隨着生產力的提高，尤其隨着機械和 AI 開始替代人類體力勞動和部份腦力勞動，人類更應該思考一些根本的問題和新出現的問題，不斷地提問和猜想，提出各種解釋和解決的嘗試。從這個角度來說，幸虧 philosophy 不是學，它不斷地在流動中，不受學科的拘限，它就是不斷地發問和迎接挑戰的人腦自身。

光明正大的「隱私」

黃山

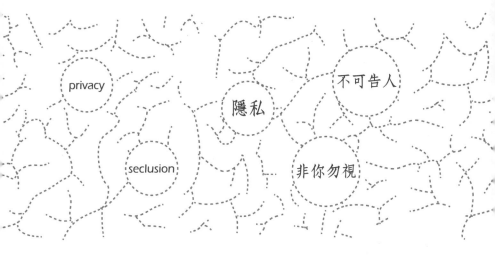

英國作家喬治・奧威爾（George Orwell）的小說《一九八四》中有一句很著名的話「Thought crime does not entail death, thought crime is death」，意思是思想犯罪並不意味着死亡，思想犯罪本身就是死亡。思想罪（thought crime）是小說《一九八四》中大洋國政府設立的一個罪名，如果人民有犯罪的思想則會犯下思想罪，不需在付諸行動後才定罪。

思想罪怎樣判定呢？作者奧威爾說，國家發明了一種具有遠程監控功能的設備——電幕（telescreen）——可以利用安置在每個家庭的電幕監控內裏的人。思想警察時刻監視着電幕傳輸過來的畫面，以防止人們的思想發生犯罪。

試想一下，如果人們每時每刻處於電幕的監控之下，這是一件多麼恐怖的事情。這分明侵犯了人們的隱私權，可是小說中的大洋國政府說，每個人的隱私都可能是齷齪和反動的，不監控又怎麼能將犯罪扼殺在思想的襁褓中？

隱私是從英語中的 privacy 翻譯過來的。在中國人的習慣觀念中，隱私似乎與不光明正大聯繫在一起。如果誰有了隱私，便會招來好事者打探，於是人們常常表白：我光明磊落，問心無愧，沒有甚麼可隱瞞的。然而，西方人公然宣揚要保護自己的 privacy，他們對其的理解是：凡是屬於我自己與他人無關的事，他人就無權過問，如果誰蓄意打聽並傳播，便是侵犯了我的隱私權。

不可告人的陰私——中國傳統的理解

《現代漢語詞典》中隱私的定義為：不願告人或不願公開的個人的事情。隱私是一個組合詞，其中的隱字主要含義是藏匿、隱蔽。《說文》註解，隱，蔽也。《爾雅》註解，隱，微也。隱字也含有隱瞞（不好的東西）的意思，如《論語》中提及的父為子隱，子為父隱。

在《牛津高階英漢雙解詞典》中，privacy 的一個中文翻譯是隱私、私密，其英文定義為 the state of being alone and not watched or distributed by other people；另一翻譯是不受公眾干擾的狀態，其英文定義為 the state of being free from the attention of the public。

　　《現代漢語詞典》對隱私的解釋重點似乎是個人不願告人或不願公開自己的事情，《牛津高階英漢雙解詞典》對 privacy 的解釋重點在於免受他人／公眾的注意或干擾，涉及權利的問題。但兩者的結果是一樣的：自己的事情不願讓別人知道。

　　林巍、趙友斌教授在《比較法視閾下的「隱私」概念翻譯》文章中指出：「就原義來講，privacy 指個人隱匿、隱遁，免於公開、受外來干擾的狀態，與公共生活相對立，是私人生活領域。在漢語裏，由於法律傳統和法律文化的差異，竟然沒有與 privacy 相對等的詞。於是漢語憑藉其強大的造詞能力，將『隱』和『私』相結合，造出一個與privacy 相對應的新詞。這也表明了中國人對『隱私』一詞獨特的理解。」他們還指出：「在中國語境中，『隱私』常常與『陰私』相混淆。」若將 privacy 的不願告人等同於不可告人，隱私也就變成了難言之隱、難以啟齒的事。在這種隱私觀念下，隱私是和中國傳統倫理格格不合的。儒家主張的是「君子坦蕩蕩，小人長戚戚」。君子是光明磊落的，自然沒有甚麼可以隱藏的，甚至是恥於隱瞞的。君子講究慎獨，意思在獨處無人注意時，自己的行為也要謹慎不苟。從這個角度來說，似乎小說中的大洋國電幕很是適合在講究慎獨的君子國推行，因為君子從不擔心被人監控。

　　於是乎，中國語境中的隱私等於陰私加上不可告人之

事，其中的私不是好東西，帶貶義。《漢語大詞典》中，對私的第一條解釋就是與公相對對立，屬於個人的私情和私心。在中國語境中，私與公對立，有佔為己有的利己、偏愛、暗中不公開等負面意義。

在中國傳統文化中，私是一個頗為弔詭的議題。在中國人日常生活中有巨大影響的儒家十分重視己，而儒家倫理的核心忠恕，宋代理學家朱熹解釋為「盡己之為忠，推己之為恕」。當代社會學者金耀基認為，不論忠恕都要靠己的修養來實現，而「修身齊家治國平天下」這條通道的出發點乃「一是皆以修身為本」，這也是孔子為甚麼把他認為最高道德境界的仁之實現歸之於克己復禮。孔子講克己復禮，強調「毋意，毋必，毋固，毋我」。宋代儒學循此思路把克己視作克服一己之私，視天理與人欲為對立，主張「存天理，滅人欲」。宋代理學創始人張載說「人常脫去己身則自明」，主張「去我絕己」。從克己到絕己被視為「心體廓然大公」，即是去私立公的道德功夫。中國傳統文化重視己，但為達到公，卻要絕己、去私。

近代普遍認為中國人重私，並將之視作個人主義特徵。現代中國語境中，個人主義被理解為個人第一、自由散漫等。現今社會主義的中國，雖然較以往重視個人權利，但仍推崇集體主義，不鼓吹個人主義。社會學家費孝通認為中國人以己為中心，是自我主義，而不是個人主義。美籍猶太裔政治理論家漢娜·阿倫特（Hannah Arendt）在 *The Human Conditions* 一書中說，西方隱私權觀念與現代個

人主義的發展有關。中國個人主義思想不發達，並經常被歪曲，可能是隱私權不受重視的原因。

在中國傳統文化中，公和私分際是模糊的。費孝通在一篇講解「差序格局」的論文中說：「中國鄉下佬最大的毛病是『私』。」但他認為，這個毛病不能從個人層面來理解，而必須從群己、人我界線的劃法，從整個社會結構的格局來考慮。在他的差序格局理論中，己是中心，社會結構是由己向外推出和自己親疏遠近的關係網絡。在這個網絡中，由己來放來收，所以公與私是相對的，站在任何一圈裏，向內看也可以說得通。或許，公與私分際模糊的傳統文化也是造成中國隱私權不受重視的原因。

不需告人的權利——西方傳統的理解

在西方，privacy 通常和 right 聯繫在一起，構成 right of privacy 或 privacy right。根據《布萊克法律詞典》（*Black's Law Dictionary*）對 privacy right 的定義，至少有這樣三種：個人獨處的權利；未經授權，免於公開的權利；在與公眾無關事務上不受公眾無端干涉的權利。

西方人善於把握團體生活的分寸（詳見本書《「集體」給皇帝披上新裝》一文），在團體生活中研究發展出人際距離學。該理論在討論親近關係時，將人與人之間的關係分為親近空間、私人空間、事務空間和公共空間。簡而言之，在法律規定的範圍內，禁止外界進入私人空間，小說《一九八四》中大洋國的電幕絕對不允許安裝。即使他們

認為私人空間內不一定都是光明正大的事情，可是否光明
正大，這與他人又何干？

整理中國的隱私和西方的 privacy，異同如下：

	中國的隱私	西方的 privacy
本質理解	需要隱藏的事、模糊	權利、不可侵犯
和他人關係	不可告人	不需告人

在過去不同版本的中文翻譯中，privacy 被翻譯為隱、
隱居、隱秘，似乎並未和權利關聯起來。隱私權也沒有得
到重視，一直被扭曲、貶低和排斥，更難以成為一種具有
正當性的法律權利。在過去一段時期，中國人的身份、家
庭成份、思想狀況都要向其所屬組織報告。

直到最近二十餘年，隱私權才開始成為中國法制建設
重要的一部份。現代社會很少有人真正想長期過上陶淵明
「採菊東籬下，悠然見南山」的隱居生活，反而信息技術
的發展與人民生活的聯繫越來越緊密。信息技術越發展，
人們越覺得有必要留一處只屬內心世界的安寧以及和紛繁
複雜的外界相對隔離的環境，此所謂「合群的離群索居」，
而這是重要的 privacy。

隱私權應該光明正大，但是傳統中文語境中的隱私一
詞難以承載這層意思，privacy 也有重譯的必要。

Privacy 重譯建議

中國傳統是個熟人社會，每個人都知道別人的事情，一個小孩對鄰居家的母雞每天下多少蛋都一清二楚。但中國古時候也是注重別人隱私的，並將其視為禮。在《禮記》的《曲禮》篇中有一段記載：「將上堂，聲必揚。戶外有二屨，言聞則入，言不聞則不入。將入戶，視必下。入戶奉扃，視瞻毋回。」意思是說進別人家之前，必須先站立在門外打招呼，喊一聲讓主人聽到。看到房門外有兩雙鞋，如果房間有人說話就進去，聽不到有人說話就不進。將進入房門時，目光要朝着下面看，進門時則手推門栓部位，眼睛不要在別人家裏東瞅西瞅。

重視別人隱私的案例記載在《禮記》中，禮是中國人重要的倫理原則。Privacy 的重新翻譯，需要將其上升到禮的層面。子曰「非禮勿視，非禮勿聽，非禮勿言，非禮勿動」，而 privacy 的本質是關你啥事（none of your business），因此 privacy 可以對應翻譯為非你勿視。

性與「自然」

周偉馳

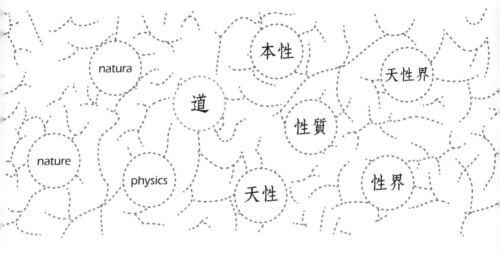

現在看到自然這個詞，第一反應自然而然就想到大自然、自然環境、自然科學等。其實，人們會這樣聯想並不是自然的，而是一百多年來對英語 nature 翻譯的過程形成的結果。

Nature 詞義的溯源及演變

英語 nature 來自拉丁語 natura，後者又來自希臘語 physics（physikos），指天生的——非常符合中國戰國時期道家思想家告子所說的「生之謂性」——指天性、本性、性質，指植物、動物、礦物等一切非人造的東西，後來泛指世界、宇宙中所有的東西。用在人身上，它可以是人的 nature，就是指人的本性、性格、性情、天然傾向。人雖

然是天地萬物之一，但是人有理性，能夠製造新的東西，因此，很多時候，將 nature 跟人為對立起來，natural 的東西就指不受人力干涉、非人製造出來的純天然的東西。

在古希臘和羅馬，哲學家們認為，世上萬物都是天然生出來的，有其天性，有其性質。後來，基督教用一套神學把古希臘、羅馬哲學囊括進去，用了一個詞 creation 將 nature 包含在裏面。Creation 是指世上萬物都是由上帝創造出來的，雖然各有其天性，但其天性是上帝賦予的，這就跟古希臘、羅馬哲學認為世上萬物自然生長出來不同。無論如何，萬物各有其物性，有其天性（這個「天」你可以解讀成物質之天，也可以解讀為基督教的上帝）。不過，由於有了 creation 這個概念，有了對立於全部 nature 的 God，對人來說，就產生一個問題，就是他的本性（nature）是受造的、有限的，因為受到原罪的玷污而無法自救，因此只能靠着上帝的恩典（grace）得救，那麼，就形成了所謂本性與恩典的對立（nature vs. grace）。

那麼，早期到中國的外國人是如何翻譯 nature 的呢？在明末清初，為了翻譯神學著作，天主教傳教士湯馬斯・阿奎那（Thomas Aquinas）在他的《神學大全》中，把關於人的 nature 譯為性，而把 grace（恩典）譯為超性，所以《神學大全》就被譯成《超性學要》。超性是說超出人的本性的東西，那就是神恩。按照天主教的說法，恩典不是毀滅本性，而是為成全本性，所以超性是超越本性之上來完善本性的。

第一個新教傳教士馬禮遜（Robert Morrison）來到中國，在他編寫的《華英字典》中，將 nature 譯為性、天地，這也跟天主教一脈相承，或者說異曲同工。性就是指萬事萬物的本性，用在人身上就是指人的本性、性格、性情、習性。天地就是 nature 所指稱的萬事萬物的總稱，今天稱為世界、宇宙、大自然或自然界。後來編寫的新教字典，基本都繼承了馬禮遜的譯詞。當然，翻譯到 natural、naturally 這樣的形容詞和副詞時，他們也會用到自然、天然。但將 nature 這個名詞譯為大自然、自然、自然界，主要還是日本的譯詞在甲午戰爭後，由留學生傳到中國。後來，自然就逐漸地取代了性，成了 nature 的主要譯詞，形成人們今天的條件反射。

可是，一個詞並不因為用的人多就是合理的，從 nature 的詞義轉變已經可以說明。至於自然這個中文詞的含義，以及能否用它來對譯 nature，其實還大有可以討論的餘地。

還生活本來的狀態──道家理解的自然

自然這個詞最早主要是道家在用，其含義也是他們規定下來的。老子最有名的話就是「人法地，地法天，天法道，道法自然」，這裏的自然不是超越於「道」的另一種事物，而是一種狀態，一種沒有人意造作、自然而然的狀態。老子的最高範疇是「道」，自然是對「道」的一個形容。自然跟自是相反，自是是人意，擺脫不了人類中心、人的理性和情感，而自然恰恰是要消除這種人為的設想和做法，

不干涉、不限定、不造作。如果說天地萬物如此，老子希望人類社會也如此，個人在生活上也如此。統治者不要有任何的造作和人為，不要有任何的主觀設計，個人在生活上也要沒有任何刻意的偏好、嗜好。大音希聲，大象無形，味無味，知不知，以不知為知，也就是最高的知是消除知，棄聖絕知。莊子把老子針對社會治理的說法用到了個人修為上，要人泯滅所有的嗜好、偏好、私見，放棄「倏」和「忽」那樣的小聰明，回到「渾沌」的對事物不作分割、判斷、喜厭、取捨的無分別境界。這反映在情感上，就是沒有常人的那種一驚一乍、以物喜以己悲的情感波動，達到那種不動心的淡漠境界。在莊子看來，這才是自然。他說，聖人無夢，不受物象紛擾，至人用心若境，不將不迎，心裏不留事，行雲流水，否則，就會出現種種執着、貪愛、算計，整天勾心鬥角，一輩子都陷在忽喜忽悲的夢境裏不能醒來。莊子要保持的這種自然心態，就是消除常人之情，消除內心私情的發動，消除算計理性。老子、莊子如此，後來的道家詩人陶淵明也如此，他的詩以自然率真和淡泊為特徵（「復得返自然」）。可見，在道家這裏，自然是指一種宇宙的、社會的、個人意識和心理的狀態，一種消除刻意、消除人為設計、甚至消除理性意識，還生活本來面貌的狀態。它主要是作為一個形容詞用的，作為名詞也是指一種狀態，而不是像現在這樣用來指宇宙萬物的大自然。

建議 nature 譯為性的關聯詞

明治時期的日本學者用自然界、自然來譯 nature，是

將表狀態的形容詞自然轉化成了指稱物質的泛稱。當然，這也不是沒有合理性。自然本來就是用來形容事物的本來面貌（即消除了人為干涉）的，因此，用自然來指稱原本的萬事萬物（沒有經過人類干擾）也具有合理性。

不過，從 nature 的主要意思來看，還是跟本性、性質、性格、天性、性情的關係更大，而且，從與中國傳統哲學和傳統文化的關係來看，以性的關聯詞來譯 nature，可以收到跟中國傳統所說性理、性情接榫的效果。

比如 natural law，現在一般譯為自然法，可是「自然」如何「法」，是不太好直觀理解的。但是，在 1863 年，新教傳教士丁韙良（William Martin）在翻譯惠頓《萬國公法》時，將它譯為性法，有時又將 nature 譯為天性、[1] natural law 稱為天法（在他看來這個天就是神），意為人類從其天性或本性中發展出來的法。同一年，日本著名的哲學家西周在荷蘭留學學習國際法，他在筆記中也將 natural law 譯為性法。[2] 這跟天主教將啟示宗教譯為書教，自然宗教（natural religion）譯為性教是同一道理。到了 1901 年出版的馬建忠《法律探原》，仍將 natural law 譯為性法。[3]

可能今天對於性除了男女兩性外的範疇，還沒有太深

[1] 丁韙良：《萬國公法》第 1-2 頁，上海書店出版社，2002 年。

[2] 陳成福：《明治維新的濫殤——被遺忘的哲人西周評介》第 66-67 頁，前程企業管理有限公司，2004 年。亦見孫彬：《西周的哲學譯詞與中國傳統哲學範疇》第 72 頁，清華大學出版社，2015 年。

[3] 馬建忠：《法律探原》，見《馬建忠集》第 273 頁，中華書局，2013 年。

入的思考。可是如果考慮到從孔孟荀開始到宋明理學一直
在討論的人性善惡問題，就一定會意識到性這個範疇深遠
的哲學與文化背景。

在西方思想史中，natural law 也有一個源遠流長的傳
統。從古希臘、羅馬哲學開始到基督教，都在討論人性中
天賦的正義的問題，到湯馬斯‧阿奎那，終於明確地、系
統地研究了 natural law。湯馬斯‧阿奎那認為，跟人定法
和神定法明文規定或宣示不同，本性法是人類生來就天然
地遵守的法令（在他的思想中，這意味着是上帝頒佈的），
放之四海而皆準。其中最主要的幾條就是：應該行善避惡，
自我保存，生養後代，不無緣無故得罪他人，追求知識（最
完善的是關於上帝的知識）等等。違反人性法的人定法，
是沒有成立的合理性的。至於違反人性法的人要受到誰的
懲罰，他沒有提到這個問題。除了在現實中會受到受害者
的報復外，可能背後是有上帝的懲罰作為背景的。這是中
世紀思維的特點。

性法這個譯詞，可以非常準確地對應儒家經典之「天
命之謂性，率性之謂道，修道之謂教」。本性是天賦予的。
在儒家看來，這個性原本是善的，這預設了天本身是善的，
將這個善的本性充分發揮出來就好了。這跟湯馬斯‧阿奎
那所說的 natural law 十分接近。根據湯馬斯主義者的解釋，
萬物都有其性，人有人性，馬有馬性，人造物如鋼琴也有
其特性。無論人類還是礦物、星球、植物、動物，都有其
本性律，叫它法則也好，規律也好，法令法則也好，都客

觀存在，端在於怎麼看待和善用。在中國哲學裏，這也可以叫作性理，都是規則性的東西，人一輩子都在求理、順理、用理的過程中。

如果將 natural law 譯為性法、natural religion 譯為性教，都是依託人的本性而發育出來的法令或宗教，那麼，作為指稱宇宙萬物的 nature 該如何翻譯呢？除了現有的大自然、自然界外，也可以嘗試用天性界、性界、本性界來對譯。至於自然而然（naturally）、自然的（natural）這樣的副詞和形容詞，除了可用自然而然、自然的之外，還可以嘗試用天性所至地、本性而然地、天性所然的、本性的之類譯詞，這樣就可以跟中國傳統哲學和文化中的「性」接續上去，使人類思想的一致性和連續性得到彰顯。

「性別」消亡

楊寶玲

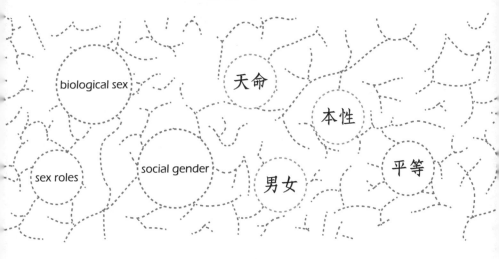

　　作為已經界定自己為一名女性的人，在談論性別時要做到中立是十分困難的，因為此時的我扮演女性這一社會角色已三十餘年，我的思維、我的價值觀、我的興趣，我所接觸到的一切環境都在明示或暗示，須得溫柔、聰敏、體貼才配得上這水做的皮囊。那些表現粗魯的女孩子，我真心祝她們未來一切安好。在自我圈定的女性角色裏，我賣力地表演並為已經取得的「成就」洋洋自得。

　　突然要追究漢語詞「性別」的由來，就不得不面對生物性別、社會性別和性別角色的辨析。想想這也是十分可怕的事情，猶如美國電影《楚門的世界》中的主人公楚門那樣，突然有一天發現，人們習以為常的生活都是在進行

角色表演，世界是一個巨大的舞台，聚光燈下只有兩個角色男和女，偶爾會有一些沒有表演天賦的，或者不知情況的舞台意外。在過去，我從未想過要改變我的女性身份，當然，在未來，我一點也不喜歡把自己定義成男性。

美國的社交網站 Facebook 在 2014 年做了一次重大的用戶信息改版。它把原本只有男女兩種的性別選項下，添加了 54 個，2016 年又拓展到 71 個。這些性別選項包括：gender variant（變化中的性別）、pangender（泛性別）、gender nonconforming（拒絕確認的性別）等等。

Facebook 程序員 Brielle Harrison 是這個項目的參與者，也是受益人。他認為：「對於很多人來說，這個更改沒甚麼意義，但對於一小部份人來說不同，它意味着整個世界。」

對於 Facebook 的這個項目和這位程序員的精神寄託，我很理解，但是我一點也不想加入他們，免得掉入選擇題非此即彼的圈套。Facebook 這一舉動給人一種假象，讓人以為美國已經足夠平等、自由、進步，事實上，美國社會對待性別問題並沒有社交平台所呈現的那麼超前。性別是一個很有必要探討但不需要廣而告之的事情。

性，質也

現代漢語對性別的定義是：雌雄兩性的區別，男女兩性的區別。然，古人言「性，質也」（《廣雅》）。

性字，從心從生。《中庸》人性論的基礎是「天命之謂性」，其基本立場是認為人性「無善無惡」，是「生之所以然者」（荀子《正名篇》）。正因為性無善無惡，所以可以率性而為；但是率性之過與不及，都可能導致惡。性，是生之質，是人之本能，與生俱來，但不是欲，人之欲是為情。徐鍇在《繫傳》裏說，情是指喜、怒、哀、樂、愛、惡，性是指仁、義、禮、智、信，用董仲舒的話概括，那就是「性者，生之質也；情者，人之欲也」。

徐鍇和董仲舒所說的性，不包括性愛之性，性愛之性是情。現代人將性愛與情愛分開，性愛成了生理需求，情愛反而成了精神追求，古人若知道怕是要氣活過來。

在古詩文中偶有出現的性別，所談的其實是本性之差別，即原來的性質或個性的差別，如陸游的《苦筍》：「極知耿介種性別，苦節乃與生俱生。」既然此性別非彼性別，那麼古人是如何談論性別的呢？

原始社會初期人類便產生了性別辨識，人類基本處於「生民之初，群居聚處，與禽獸無別」的狀態，生存與繁衍才是首要任務。最初的社會分工是男女之間為了生育子女而發生的分工，於是，所有人檢視自己的生理結構完成歸入男、女兩個龐大群體當中，確認性的角色（sex roles）。

在先秦時期，男女（或陰陽）性別概念已經固定形成，

男、士、女等性別詞在當時文獻中大量出現。但是，男字在《尚書》中表示職事或爵位，還不具有表示性別的含義。到了《詩經》時代，男字出現過三次，且僅作為男孩的含義，而女字則多達 104 次，男女二字甚少一起出現。到了《左傳》、《國語》時代，男女二字頻繁地成對出現，且大多表示成年的男女。此後，男女已經接近現代所言之男女，成為常用的性別詞。

外來詞：性別

男女性別與性字並無多少聯繫，古代也無性別的統稱詞，性別一詞是近現代詞，是外來詞。

晚清時期，英國傳教士馬禮遜（Robert Morrison）在 1815 年至 1823 年間編輯出版的《華英字典》，是中國最早的英漢對照字典。該字典所錄之性字也僅是性情之性，沒有 sex 的詞條，詞條 gender 則明確解釋為「of Chinese nouns is made by words superadded denoting the sex, as 人 , a human being, 男人 , a man; 女人 , a woman. The masculine of brute animals is made by 公 ... 」。字典中明確指出漢語沒有特定的一個詞用於統稱男女、雌雄等性別，而馬禮遜僅僅將性別與 gender（社會性別）相匹配，忽略 sex（生物性別）。值得注意的是，馬禮遜的《華英字典》是以《康熙字典》為底本進行翻譯整理的，間接佐證了在西方人眼中，中國的男女性別差異更接近社會性別（gender）的含義。

自 1847 年至 1848 年英國傳教士麥都思（Walter Medhurst）編纂的《英華字典》開始出現 sex，多譯為男女分別之處，或譯為類，男性為男類，女性為女類，性字並未出現在 sex 及其相關的英文詞條中。直至 1908 年，由民國外交家顏惠慶主持的第一部中國留學生獨立編纂完成的《英華大辭典》，將 sex 翻譯為性、屬、類，sexual 譯為類的、性的、男女的、陰陽的等，首次明確提出 sex 具有雌雄牝牡之分別、陰陽之別之意，才真正將性用於男女性別，性不再只是指本質、本性。1916 年赫美玲的《官話》字典正式將詞條男性、女性編入其中，分別對應 male 和 female 的翻譯，新造詞男性、女性替代男類、女類、男屬、女屬，逐漸流行並固定下來。

其實在顏惠慶的《英華大辭典》編成之前，性被賦予 sex 的風氣已成，新造詞男性、女性、雄性、性別等大量湧現在晚清和民國的公開刊物中，最早可追溯到 1902 年《新民叢報》呂碧城所作的「史界兔塵錄：男性之女王」，1911 年又見於《南昌難童學校校刊》「統計：學生性別比較圖」。

自此，我們所談之性別，只是 sex（生物性別），與中國古代的性已經相去甚遠，同時與西方所言的 gender（社會性別）也大相徑庭。

西方的 sex 和 gender

當一個女性被形容為「男人婆」的時候，稱呼者和被

稱呼者都體現了對性別定義的不確定性。「男人」是表現
出來的角色性別,「婆」是生物性別。

西方學者對性別的概念界定大體經歷了前後兩個階
段。

起初,西方學者用 sex 來表示性別,認為「男女的性
別角色分工是由性的差異決定⋯⋯把兩性的角色分工歸結
為男女兩性生理結構和生理功能決定的」。[1]

19 世紀 80 年代,英國生物學家、心理學家和優生學
創始人高爾頓(Francis Galton)提出人的不同氣質特點和
智能是按身體特點的不同而遺傳的。高爾頓對 9887 人的
心理進行評估後認為男性的智力是優異的,女人的頭骨都
較男性小,可以推斷她們的大腦也將如此,因而得出結論:
女人在各個方面的能力比男性差。生物性別差異成為解釋
社會角色差異以及男性統治和婦女受壓迫的根本原因。

20 世紀二三十年代,美國女人類學家瑪格麗特 · 米
德(Margaret Mead)通過她在南太平洋島嶼上的一系列著
名研究,證明文化對人格特徵形成的重要作用,揭示文化
對性別角色與性別氣質的塑造功能,挑戰根深蒂固的男女
差異的觀念。米德發現,在新幾內亞的三個原始部落,男
人和女人的行為有着巨大差別。部落一仿佛只有一種性別,
男人和女人全部表現得像女人;部落二人們的行為則全部

[1] 羅慧蘭:《女性學》第 63 頁,北京,中國國際廣播出版社,2002 年。

表現得像男人；部落三的男人行為像女人，女人行為則像男人。根據收集到的資料，她指出：「兩性人格特徵的許多方面極少與性別差異有關，就像社會在一定時期內規定男女的服飾、舉止，與生物性別無關一樣。」[2]

　　法國女權運動創始人之一的西蒙娜 · 德 · 波伏娃（Simone de Beauvoir）1949 年出版的《第二性》是女性在思想界投下的重磅炸彈，成為女性主義經典。波伏娃認為：「女人不是生就的，而是造就的。」這一名言，催生了一批女性主義批評家，後者開始關注大眾傳媒如何與父權制「合謀」建構一個軟弱無能的小女人，並催生出 gender（社會性別）的概念。

　　不過，波伏娃從未用過社會性別這一概念，因為它在法語中也是一個外來詞，不僅如此，它在許多語言中都是一個外來詞，但是波伏娃「人造女人」的主張為女性主義理論區分生物性別和社會性別奠定基礎。

　　真正的社會性別理論是依託美國精神分析教授羅伯特 · 斯托勒（Robert Stoller）的研究興起的，斯托勒在他 1968 年出版的《生物性別與社會性別：男子氣概與女性氣質的發展》一書中明確提出：第一，社會性別的特徵是後天習得的；第二，生物力量對其有重要影響，「我感覺社會性別的發展會被特定的生物力量擴大或干擾」。西方學者開始用 gender 這一原本表示詞語屬性的詞來取代具有濃

----

[2] 杜潔：《西方馬克思主義女性主義》，刊載於《婦女研究論叢》，1997 年。

鄀生物特性的 sex 一詞。[3] 於是，性別，作為與生俱來的生物屬性時，被稱為 sex（生物性別）；通過社會學習到的與兩種生物性別相關的一整套規範的期望和行為，則被稱為 gender（社會性別）。

性，從心從生

對性別的認知發展讓人們面臨一系列不同於過去的問題。

第一，選擇更為合適的標誌取代社會性別用於討論或識別人群，該標誌的概念應該包括多種因素，超越社會性別中的男女二元對立的局限。後現代女性主義認為應該使用 power（權力）替代社會性別，因為「社會性別是權力形成的源頭和主要途徑」（美國史學家瓊・斯科特（Joan Scott）《社會性別：歷史分析中的一個有效範疇》）。

第二，人的社會性別是根據所處的社會文化對性別的不同要求習得和塑造出來的，不是永恆不變的。人們應該通過教育的途徑從根本上改變社會的性別不平等。現代教育誇大了兩性之間的興趣和能力差異，越來越多的學者認為，隨着科技的發展，未來的社會分工將會發生巨大變化，將要求人們具有雙性化性別特質。[4]

---

[3] 周彥玲：《有關婦女、性別和社會性別的話語》，見《社會性別研究選譯》一書第 391 頁之注釋（1），主編王政、杜琴芳，三聯書店，1998 年。

[4] 劉電芝等人：《新編大學生性別角色量表揭示性別角色變遷》，刊登於《心理學報》，2011 年。

第三，捨棄社會性別中的二元論（binary opposition），強調性別多元論。公平開放地面對不同社會性別的人群，例如 Facebook 所列的 71 種性別人群。

基因技術的發展也對傳統的生物性別不變提出挑戰，遺傳基因的靈活性遠超我們想像。

沙倫 · 莫勒姆（Sharon Moalem）在《基因革命》中提出，基因並不以二元的方式來回應人們的生命。即使人們繼承的基因是確定的，他們卻能以任何形式表達自己。人的行為能夠控制人的基因命運。基因所表達的靈活性是超過人們想像的。例如蜂后和工蜂的體形差異巨大，蜂后的生命長達數年，工蜂卻只有幾個星期。但是從遺傳學的角度來看，蜂后沒有任何特別之處，牠和其它雌性工蜂來自同一父母，有着完全相同的 DNA，牠變得與眾不同的唯一原因僅僅是因為吃得更好。在決定選擇換蜂后時，蜂群會先選出老蜂后的一些幼蟲，將牠們浸泡在蜂王漿中生長，其中最強壯的一隻殺掉其它姐妹成為新蜂后，吃大量的蜂王漿是為了關閉成為工蜂的基因。

基因技術的發展，可能誘發 sex（生物性別）在未來變成基因隱私，基因與性別模糊者，不再被公開以及不再被用作身份的重要區別特徵，相反 gender（社會性別）會被日漸重視，原因是基因所表達的靈活性超過人們的想像，隨着 gender 的社會性別理論普及，gender 與 sex 的關聯度將越來越低。

　　探討性別問題的根本目標是實現人人平等，現代性別理論主張在人文關懷的背景下，在人與人相互尊重的基礎上，建立一種平等、互助的夥伴關係，即動態的性別公正，從而開啟促進人類全面發展的新視野。使用本性對人的劃分在未來顯得更為重要，而性別這一外來詞就真真是回歸到中國的性的本質了。

　　性，從心從生，質也。

「藝術」——超越種族與地域的體驗

嚴雋寧

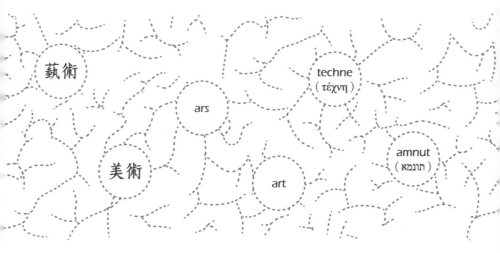

　　法國劇作家雅絲曼娜·雷莎（Yasmina Reza）的成名作《藝術》（*Art*），講述主角以高價購下一幅在純白色背景上畫下幼細白線的「油畫」後，自豪地向朋友展示這件出自大師手筆的後現代藝術作品，卻換來朋友的嘲笑。如同這樣一幅白色的畫，在現代社會，「藝術」似是越來越難以被定義，卻又帶着某種不容侵犯的價值。要是在網絡上搜尋何謂藝術，紛紜的說辭中最大的共識是藝術是流動而多變的，並且關係到情感、思想、創造、連結、真實與及（同樣難以定義的）美。在現代語言中，不管是中文的藝術，還是英文的 art，都帶有這種強烈而又模糊的形而上傾向，因此這兩個詞的用法和意涵亦顯得高度一致了。

藝術與 Art

翻查中英文詞典，會發現當必須對藝術／art 這個概念進行定義時，人們往往會朝着相類的方向進行歸納總結。比較《漢語大詞典》及《牛津精簡詞典》（*Oxford Concise English Dictionary*）兩本權威詞典的藝術／art 詞條，會發現兩個極其相近的解釋。其一為具有創造性的行為活動及其產物，包括文學、音樂、繪畫、雕刻、舞蹈、戲劇、建築、設計等等；其二為以高超的方式及技巧處理任何事情，例如說話的藝術、相處的藝術等等，兩者都意味着不同意義上的升華。

中國藝術與西方藝術有着迥異的傳統、獨立的理論，與及長時間彼此隔絕的發展。因此，藝術與 art 的相近令人懷疑我們現時對藝術一詞的理解受到了西方藝術觀念的強烈影響。在明末清初西學東漸的過程中，大量西方知識技藝傳入中國，撼動了國人對各種知識領域與思想概念的理解，這當中自然也包括藝術與美學。中外交通史專家向達在《明清之際中國美術所受西洋之影響》中提到，「利瑪竇繼來中國，而後中國之天主教始植其基，西洋學術因之傳入，西洋美術之入中土，蓋亦自利瑪竇始也」。此廣為流傳的說法雖在嚴謹性上備受質疑，但也鮮明地反映出與中國藝術截然不同的西洋藝術在短時間內大規模傳入中國所帶來的震撼。那麼，我們現今所理解的藝術，是被 art 換取了內涵的外來概念嗎？

藝術的語源

藝術一詞本身並非外來詞，而是早在南北朝時代已經出現的詞。追溯其語源，會發現其意涵經歷了一定程度的轉化。藝術一詞最早出現在《後漢書‧伏湛傳》，「永和元年，詔無忌與議郎黃景校定中書五經、諸子百家、蓺（藝的古字）術」。這裏藝術與中書五經及諸子百家並列，根據唐代章懷太子（唐高宗的六兒子）的註解，蓺（藝）指的是書、數、射、御；術指的是醫、方、卜、筮。有了這樣的背景，才能明白《晉書‧藝術傳序》為何會說「藝術之興，由來尚爾。先王以是決猶豫，定吉凶，審存亡，省禍福」。套用《漢語大詞典》的解釋，藝術的本意泛指六藝及其他諸如醫學、占卜等等的技能。這裏指涉的技能不過是懂得如何操作，並無創作與升華之意。在「漢籍電子文獻資料庫」搜尋蓺／藝術，得出的結果為 27 本書的 241 個章節。從成書於南北朝的《後漢書》，到民國時期的《大正新脩大藏經》、《麥積山石窟志》等，蓺／藝術在文獻中的意涵沿着這樣的脈絡慢慢發展。

成書於唐朝的《北史‧藝術傳》說到「歷觀經史百家之言，無不存夫藝術」，被列入藝術傳的主要是精於占術、數理或醫學者，亦有訓詁學家（例如江式）。有趣的是，成書於北宋，記錄唐朝歷史的《新唐書》裏的《藝文》丙部共分 17 類，其中一類名為雜藝術類，而此前與藝術一詞有着緊密聯繫的天文、曆算、五行、醫術等等都另外

分類。被《新唐書》列為雜藝術類的 142 卷之中，大約有
三分之一為各種棋類遊戲，另外三分之二幾乎全是畫作，
也包括畫評。其中張彥遠的《歷代名畫記》是結構完整的
中國繪畫（包括書法）通史，內容觸及美學與藝術理論，
亦被收納進雜藝術類。顯然，到了這個時候，藝術這個詞
已經開始與美及作品等概念扯上關係，漸漸遠離技能，接
近美術。

《明史‧藝文三》的分類與《新唐書》類近，設有
獨立的藝術類，而天文、曆算、五行等則另外分類。不過，
藝術類之下用小字標出醫書附，可見時人還是隱隱覺得醫
學和藝術有着某種聯繫，卻又不全然相同，需要特別註明。
除去附在其後的醫書，《明史》的藝術類所收錄的仍以與
書畫相關的作品為主，同時包括藝術理論、硯墨百科、約
二十卷琴譜及《棋史》（兩卷）等。正史中藝術欄目的內
容變化不獨源於人們對藝術這個詞的理解有所轉化，它同
時是社會發展狀況的映照，可以說兩者互為因果。製墨業
及琴學在明朝發展蓬勃，史書中的相關記載自然顯著增加，
而這也反過來令人們對藝術的理解與聯想更為豐富。

雖然藝術這個詞早已存在，但在浩瀚的文獻資料中，
它絕對稱不上是一個常用的詞。舉例來說，「漢籍電子文
獻資料庫」中跟文學相關的共 88 本書，5945 個章節；音
樂則有 52 本書 2569 個章節，都遠較藝術的 27 本書 241
個章節為多。不過，若把跟藝術相關的文獻按朝代進行統
計，會發現清朝和民國的文獻佔了一半以上。藝術這個詞

在近代變得越發普及，而民國的文獻在使用藝術這個詞時，已經與現代的用法極為接近了（例如《麥積山石窟志》論及的印度宗教藝術、佛教藝術、中國藝術等）。

明清時期西學東漸無疑引進了大量西方藝術概念，前所未見的藝術風格與技巧（如利瑪竇在《中國札記》中提到中國人所「不懂」的油畫、陰影、比例和對稱規則等）引發了強烈的好奇，大大擴充了國人對藝術的想像。民國時期知識份子熱衷於學習外國思想，也促進了何謂藝術的探討（如魯迅翻譯了俄國的普列漢諾夫的《藝術論》），影響了人們對藝術這個詞的理解。然而，這一切都是在藝術一詞固有的生命力及流動性，以及中國社會自身美術工藝發展的基礎上發生的，如同一個生命在不同的成長階段被不斷變化的環境改變、擴充、重新定義。

Art 的語源

同樣地，art 這個詞也經歷了長時間的演化，才成為我們現時所理解的樣子。Art 源於拉丁語的 ars，根據《牛津拉丁詞典》（Oxford Latin Dictionary），它是一個早已存在（具體時間不可考）且極其常用的拉丁詞，意思是技巧、工藝、方法，也可指科學與知識。同時，ars 也可以有狡詐、誘騙的意思，可見它並不是一個完全正面的詞。Ars 先是變成了古法語中的 art，再經由古法語演變為中古英語的 art。根據盎格魯-諾曼語（古法語的一種）詞典 Anglo-Norman Dictionary，古法語的 art 和拉丁語的 ars 意思基本一致，但其中還包含了巫術、魔法的意思。再翻查《牛津

英語語源詞典》（*Oxford English Dictionary of Etymology*），到了 13 世紀，art 衍生出了學術上的用法，用以泛指語言、文學、歷史等等的人文學科，如同我們現時常常講到的 liberal arts 或 Bachelor of Arts。

14 至 17 世紀的文藝復興令藝術成為廣受觸目的領域，然而如同此前二千年，柏拉圖（Plato）發表藝術（他用的詞是古希臘文的 techne，同樣是技能和工藝的意思）即模仿的看法，直至 16 世紀，寫下著名的《藝苑名人傳》的意大利畫家喬爾喬・瓦薩里（Giorgio Vasari）仍然認為藝術只是一種模仿，並且稱呼畫家、雕刻家與建築師為工匠（craftsmen），但工匠所從事的活動被稱為藝術，如 the art of painting（在文中的意思為繪畫這種藝術）。事實上，文藝復興時期見證着人本主義與自然科學的興起，藝術也與科學結合，藝術家（或所謂的工匠）通過透視法、幾何關係、比例秩序等方式試圖更為精準的瞭解世界，如同文藝復興的代表人物達芬奇（Leonardo da Vinci）所說，「藝術是反映自然的鏡子」。模仿說在西方世界有着長久而深遠的影響。如果藝術的主要功能是模仿或是準確逼真的反映現實，那麼 art 這個詞和技巧、工藝緊緊聯繫在一起當然不足為怪。

然而到了 17 世紀以後，隨着西方思想史所發生的種種變化，人們對藝術的理解亦開始改變。德國哲學家康德（Immanuel Kant）在《判斷力批判》中說想像力具有「根據自然創造出超自然」的強大力量，瑞士詩人與哲學家阿

米埃爾（Henri Amiel）說「風景即情緒」，儘管自然仍然是藝術作品的重要主題和對象，但是藝術創作者能夠把自身思想感受投放到作品中，成為某種形式的創作而不單是工藝與技能的展示。康德認為縱然審美具有一定的普遍性，但它仍然是一種主觀體驗，因此藝術是與個人的思想情感息息相關的。19世紀印象派興起，被視為現代藝術的開端，因為此時，畫家所強調和表現的是色光這種美術概念，而不再是自然本身。野獸派、表現主義等等的新興藝術風潮進一步強化藝術的符號語言與情感表現，如此一來，人們對藝術的理解才越來越接近今天的模樣。

何謂藝術

追溯藝術與 art 的語源，我們發現這兩個詞的意涵在各自的世界經歷了類似的轉化。毫無疑問，打從 17 世紀以來，西方藝術概念隨着其他西方知識、思想、技術大量傳入中國，發展至今，令我們對藝術與 art 的理解高度一致。奇妙的是，在此以前，縱然中西方藝術的表現形式與審美方式往往大相徑庭，但藝術與 art 在被理解為今時今日的意義以前，都只被視為某種技能、工藝或是知識，也不約而同地曾被用以描述學術領域，亦皆一度與巫術扯上關係。事實上，在隸屬完全不同語系的希伯來語（閃含／亞非語系）中，藝術是 amnut，其詞根與訓練（le'amen）完全一樣（都是 אמן），原來也和藝術／art 的本義一樣帶有技巧、工藝的意思。

撇開語言學，藝術又是甚麼？長久以來，學術界熱衷

於探討藝術的起源，並在古老的洞穴中尋找最早的藝術。沒有人能確切證實人類的第一件藝術品為何，但是顯然藝術的存在遠遠先於它的名字。舉例來說，在德國洞穴裏發現三萬年前的獅頭人身雕像，用精巧的雕刻結合自然與想像，學者猜測它具有某種宗教意義。根據現代人對藝術的定義，獅頭人身雕像無疑是人類現存其中一件最為古老的藝術品，然而當時藝術這個詞並不存在，我們甚至無法確定語言是否經已出現或是其發展狀況為何（語言學家與歷史學家普遍猜測語言在十萬年前出現，但是無法得到實證）。無論如何，在不同的文化，甚或是不同的時空之中，人類都在進行一種無以名狀的行為活動，投放情感思想，觀察宇宙，試圖與外界聯結並創造美麗的成品，而這種活動需要一定的技巧與工藝方能完成。也許這種超越語言文化的人類共同的追求，正是藝術這個詞在不同語系中各自演化，卻又巧妙重合的根本原因吧。

現代關鍵概念的翻譯
——貌合神離抑或心心相印

編輯委員會	鄭偉鳴　呂子德　周偉馳
顧問	葉國華
作者	周偉馳　鄭偉鳴　黃山　嚴雋寧
	方子聰　林同飛　楊寶玲
責任編輯	苗淑敏
裝幀設計	方子聰

出版

活學文教有限公司

地址　香港九龍新蒲崗大有街一號勤達中心 16 樓

電話　852-39239711

傳真　852-26351607

網址　www.llce.com.hk

電郵　contact@llce.com.hk

承印

香港志忠彩印有限公司

書號　ISBN 978-988-78352-2-6

定價　港幣 118 元

初版　2020 年 6 月